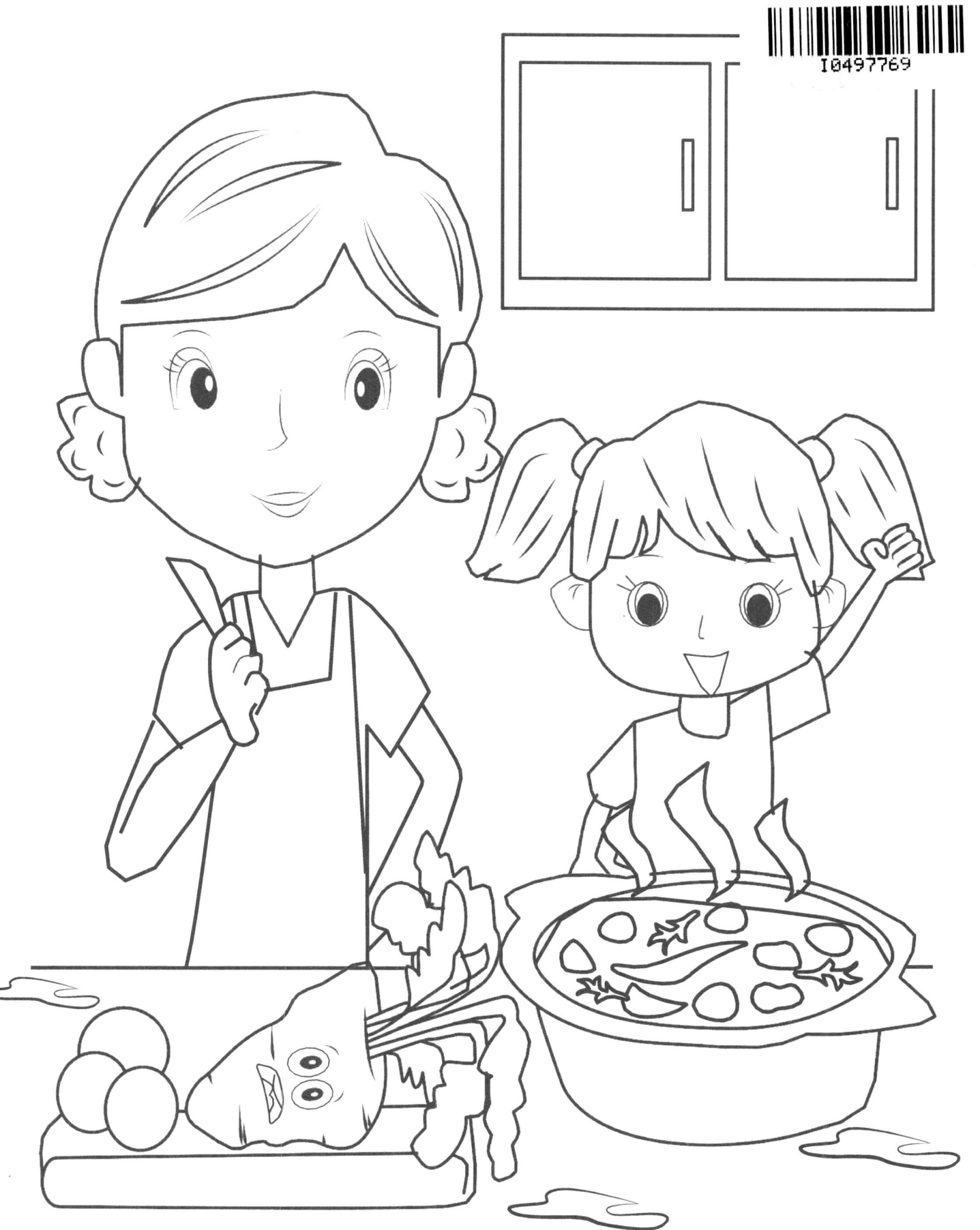

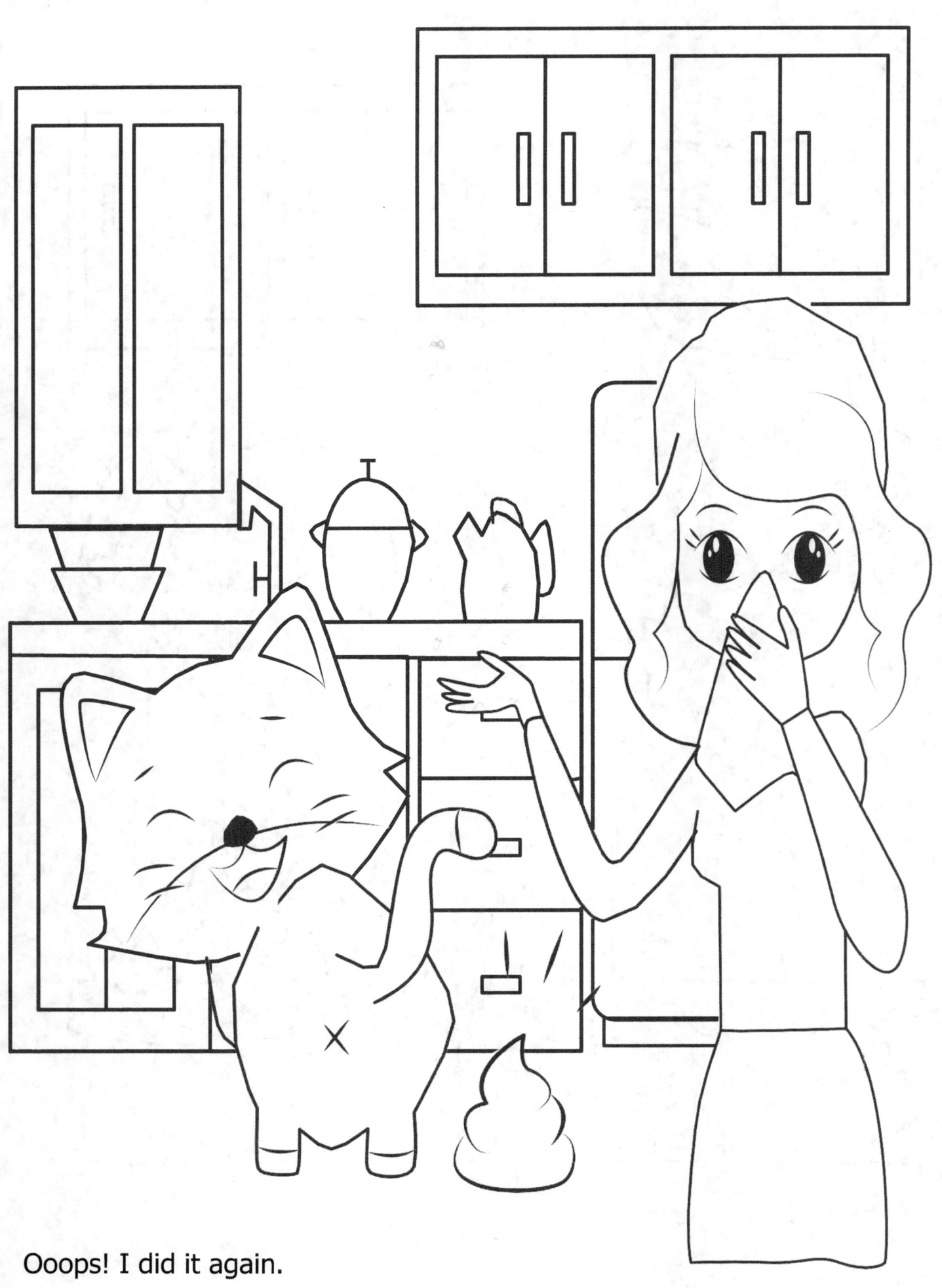

Ooops! I did it again.

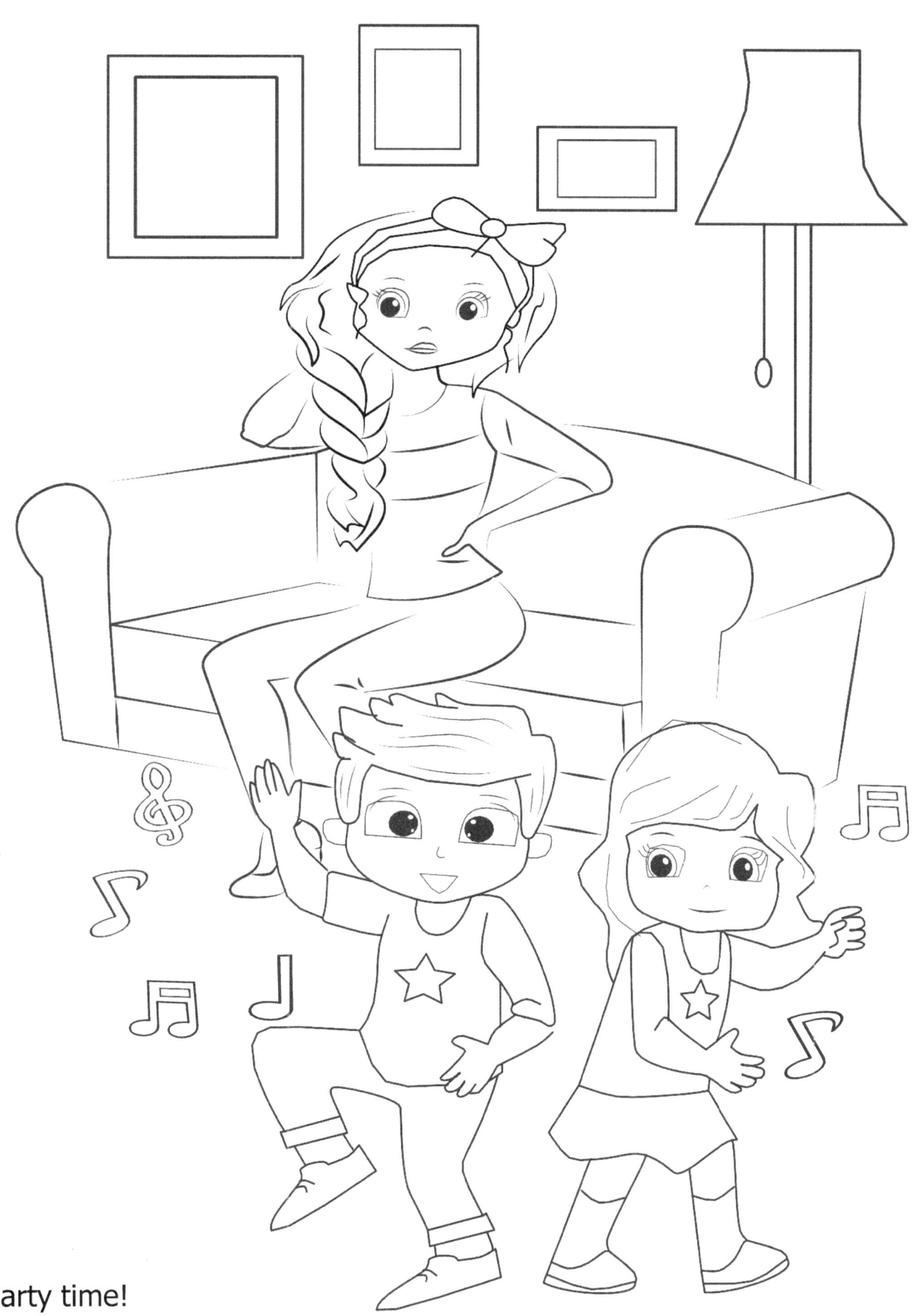

Party time!

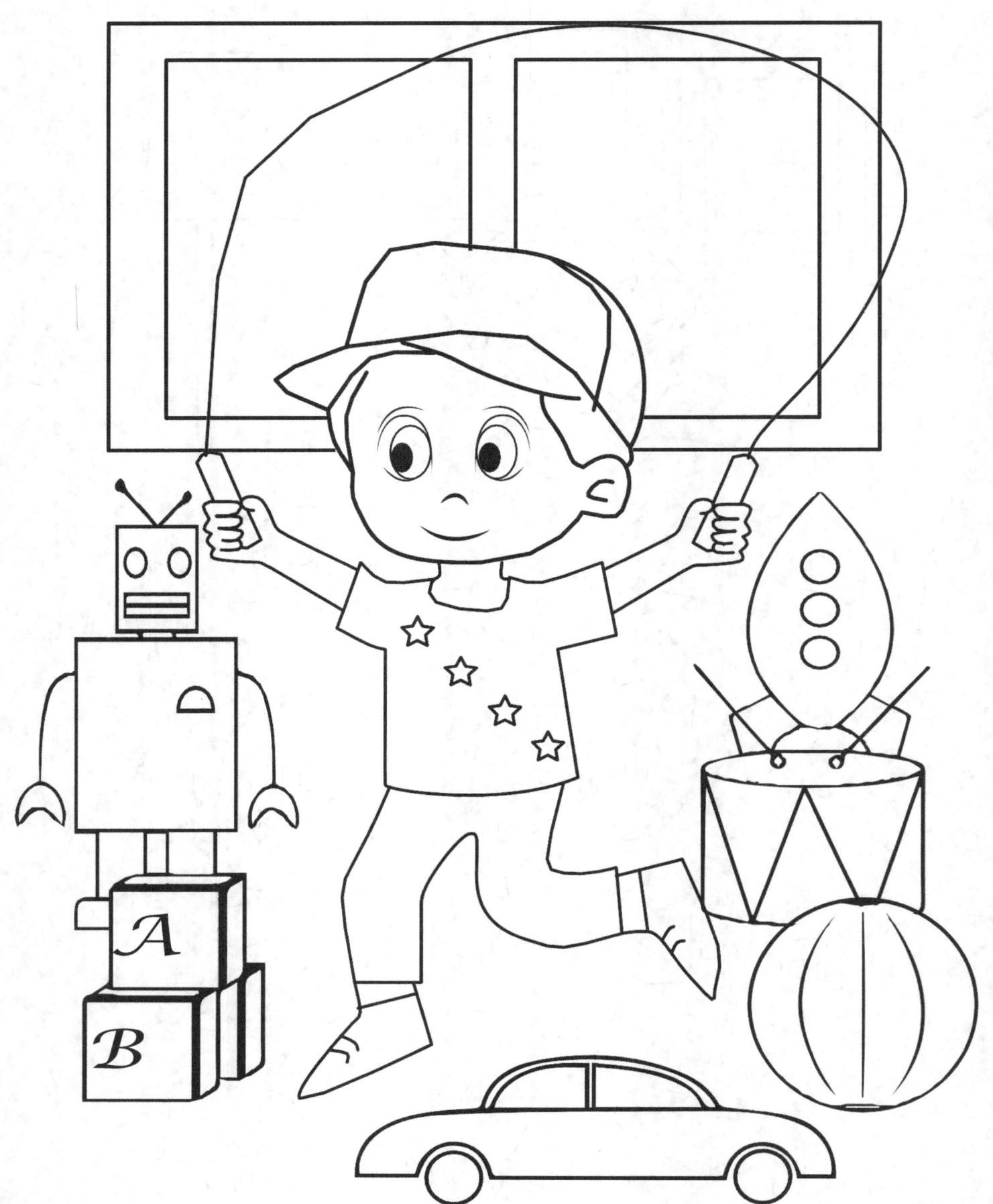

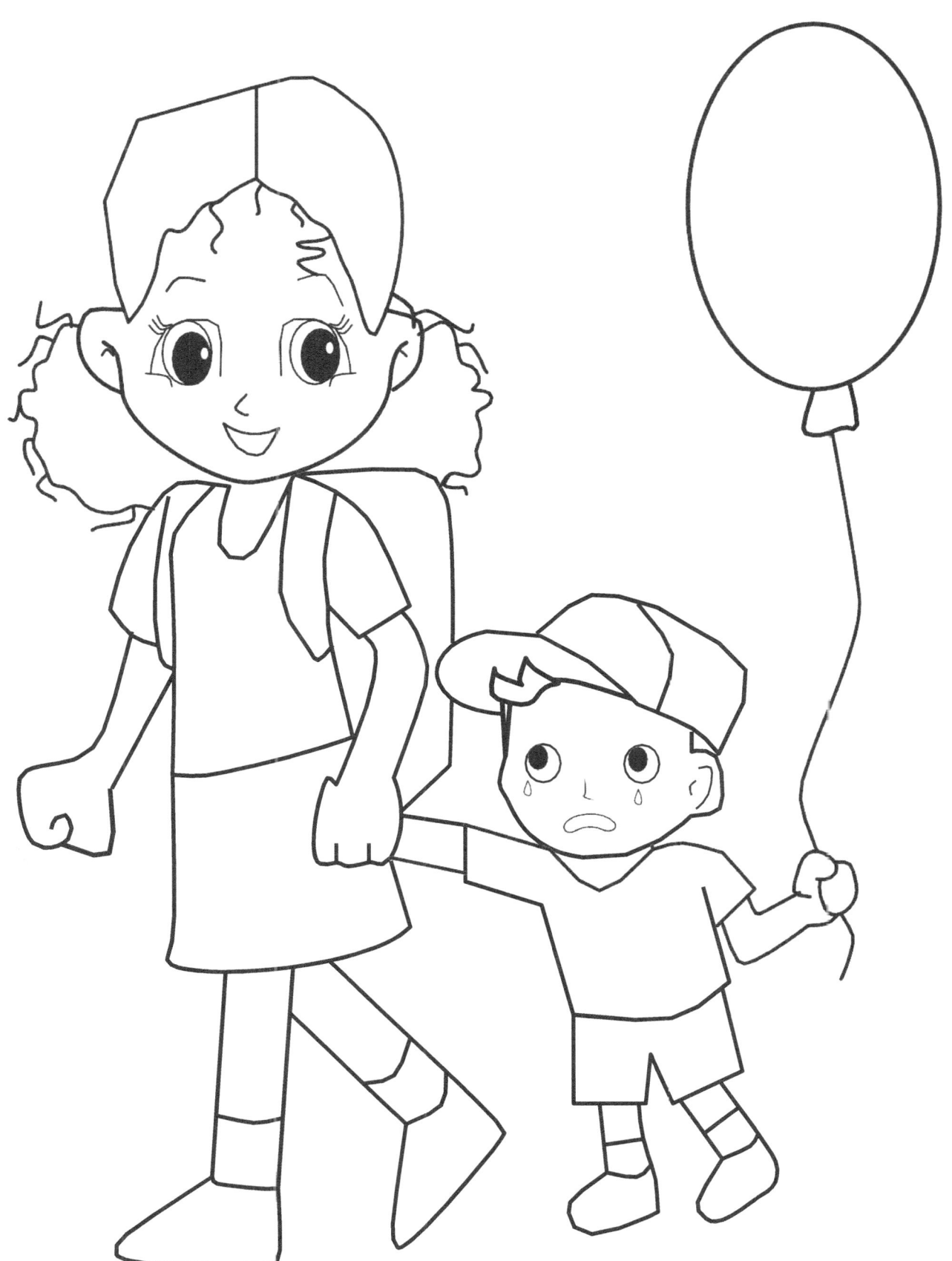

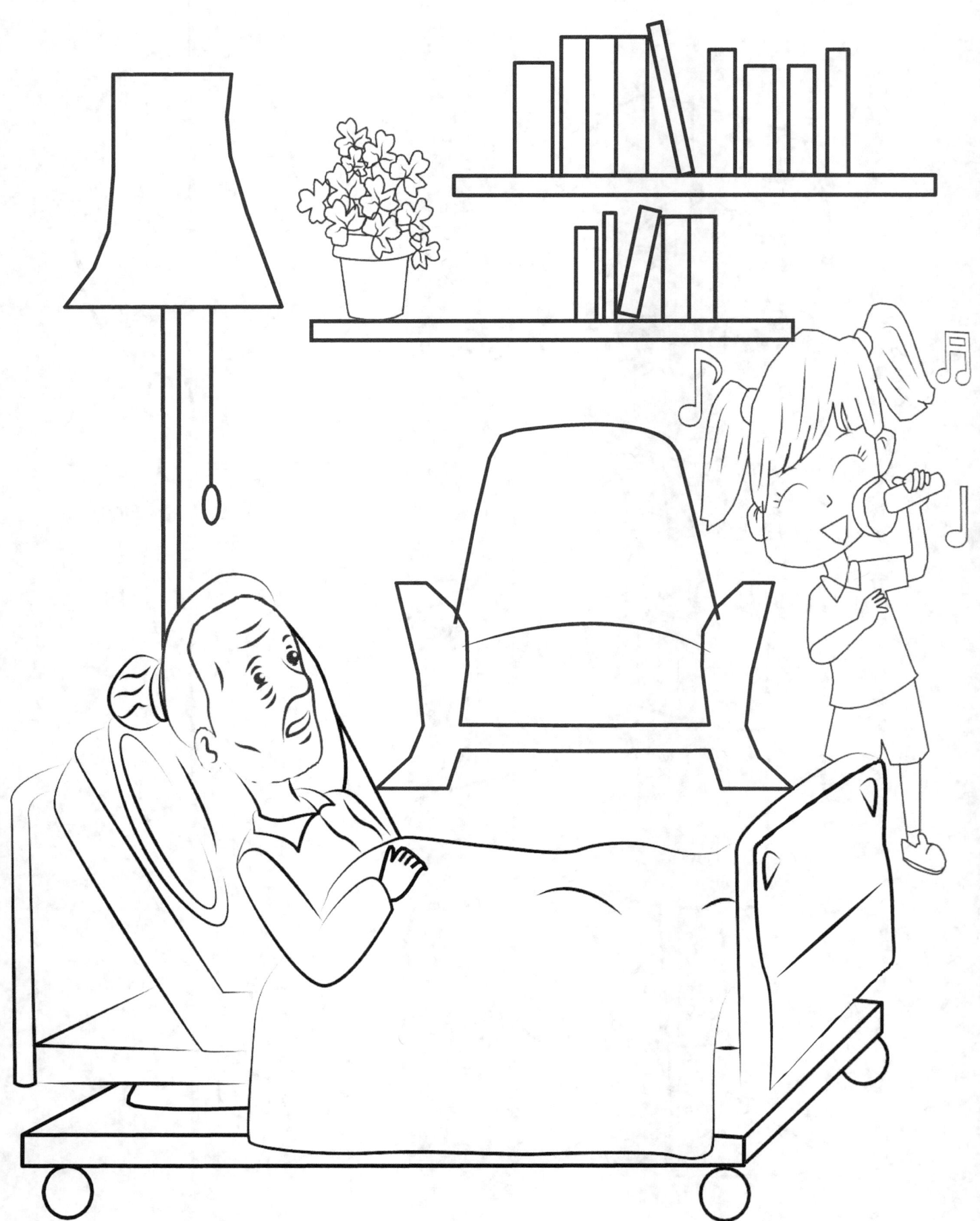

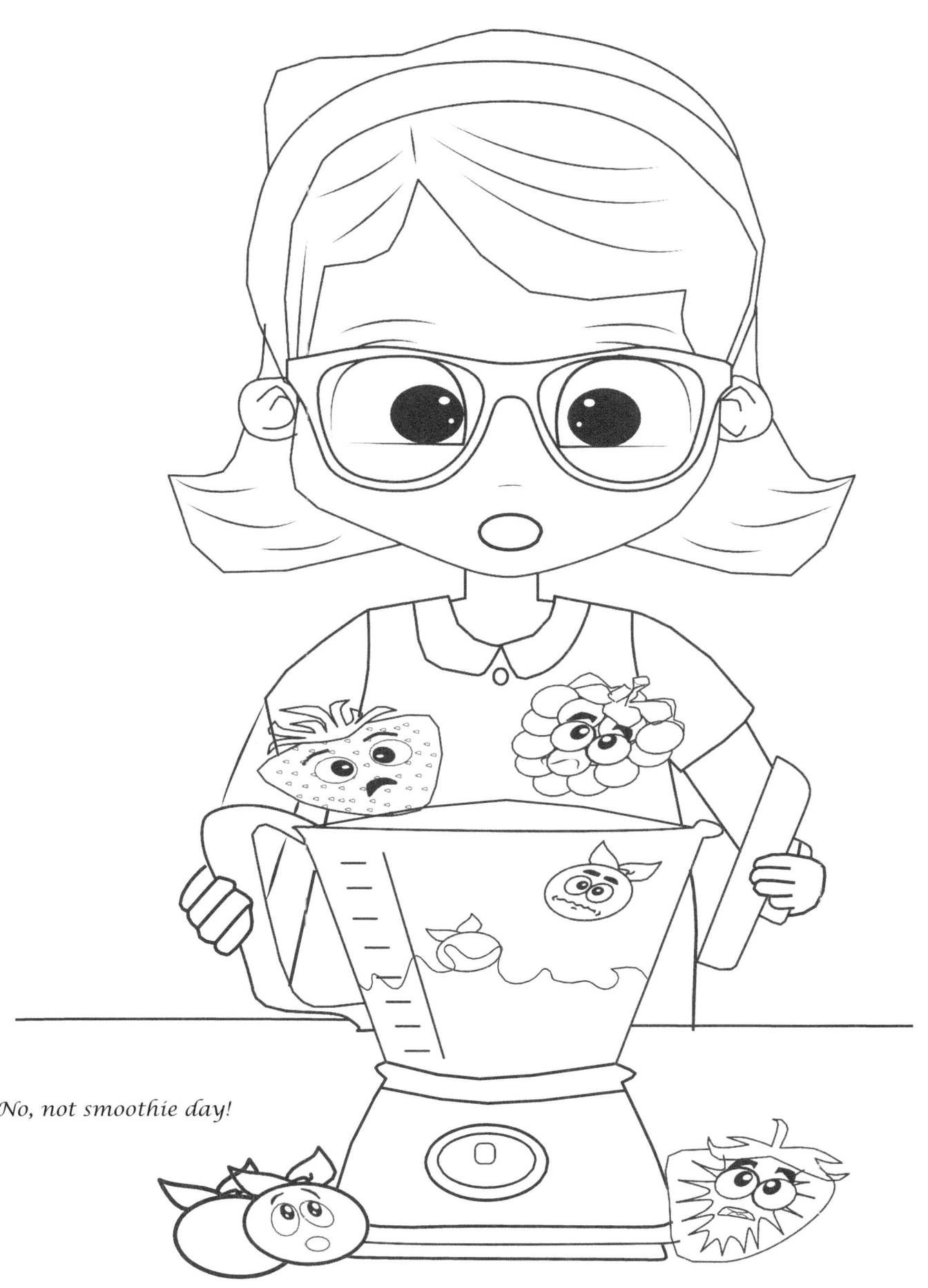

No, not smoothie day!

Fruits I May Already Know

```
D V X Y R R E B E U L B O B L A H
P Z Z R G A H L E M O N G O B C O
Y E L P P A E N I P Z N B L A D G
R Q G G L I P X V B J S P E N G I
Q Y A K B Q D L B Q V A P K A R L
M A N G O Y R R E B P S A R N A N
O D A C O V A P U S D K Y K A P G
Y Y T W O I C O C O N U T R F E J
W R R P E A R V R Q G P A P A Y A
R G R R U W A T E R M E L O N A A
W E I E E Y P J F A H U V S K B K
O Q B W H B U Z L Z U W F T E L X
N R D M B C W K K I W I F R U I T
H L A I U N E A J F D E L P P A L
J I B N P C D Y R D S D Y L H Q W
A M N N G I U G H T U Z W M U L P
B E I O R E C C T Q S H M X W J H
```

Apple	Grape	Peach
Avocado	Kiwifruit	Pear
Banana	Lemon	Pineapple
Blueberry	Lime	Plum
Cherry	Mango	Raspberry
Coconut	Orange	Strawberry
Cucumber	Papaya	Watermelon

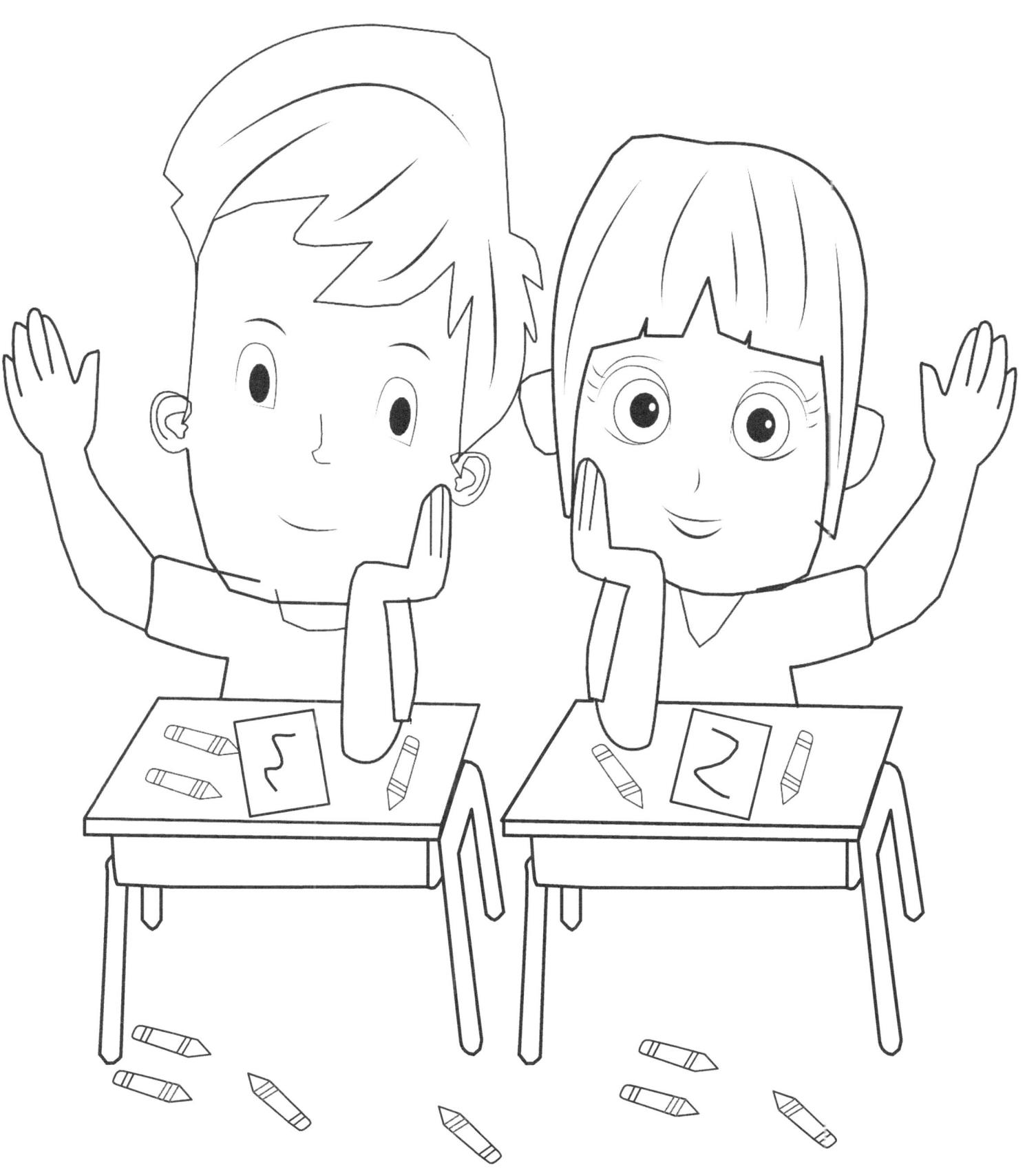

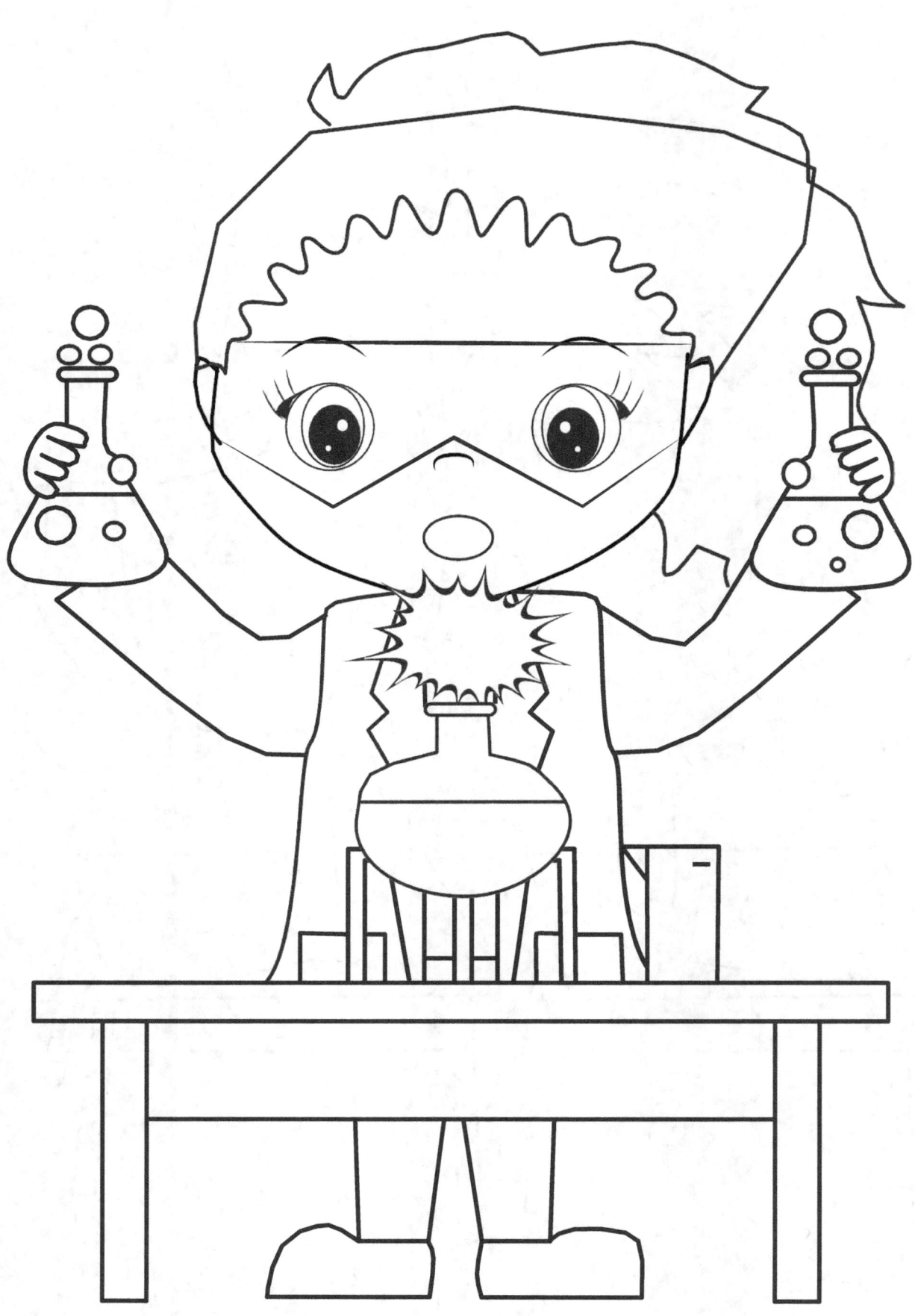

A pinch of this, a dash of that... voila! Candy??

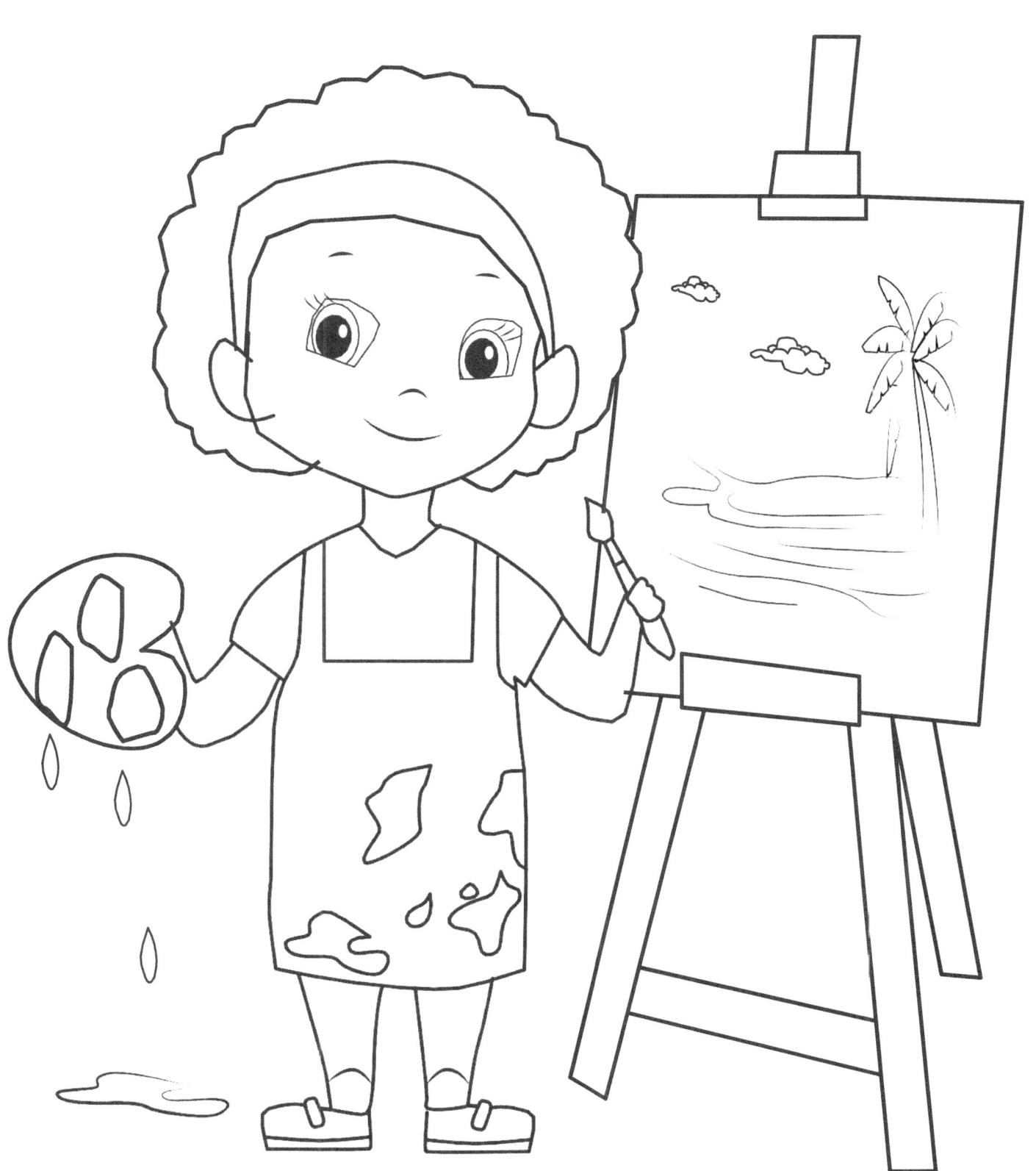

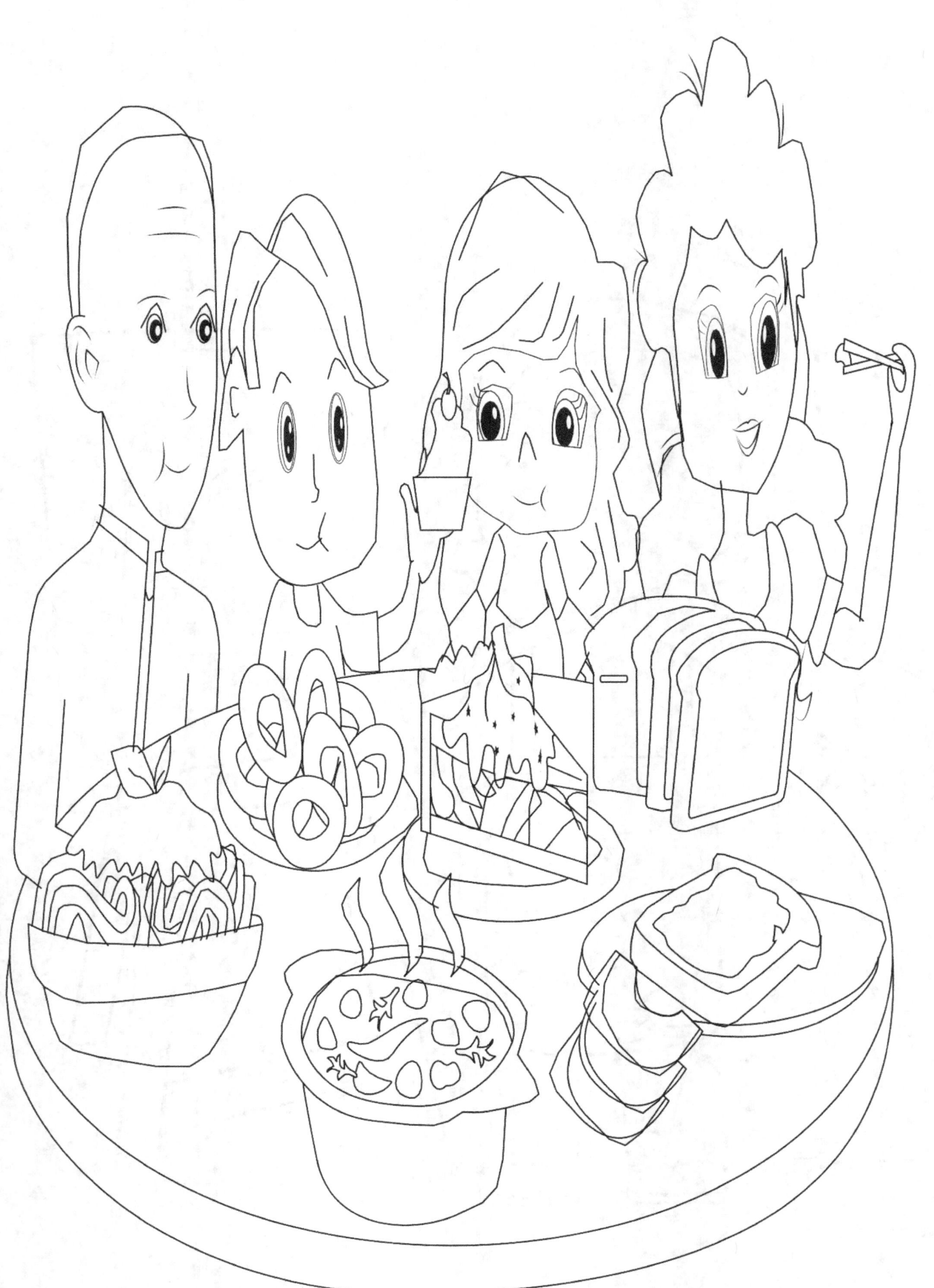

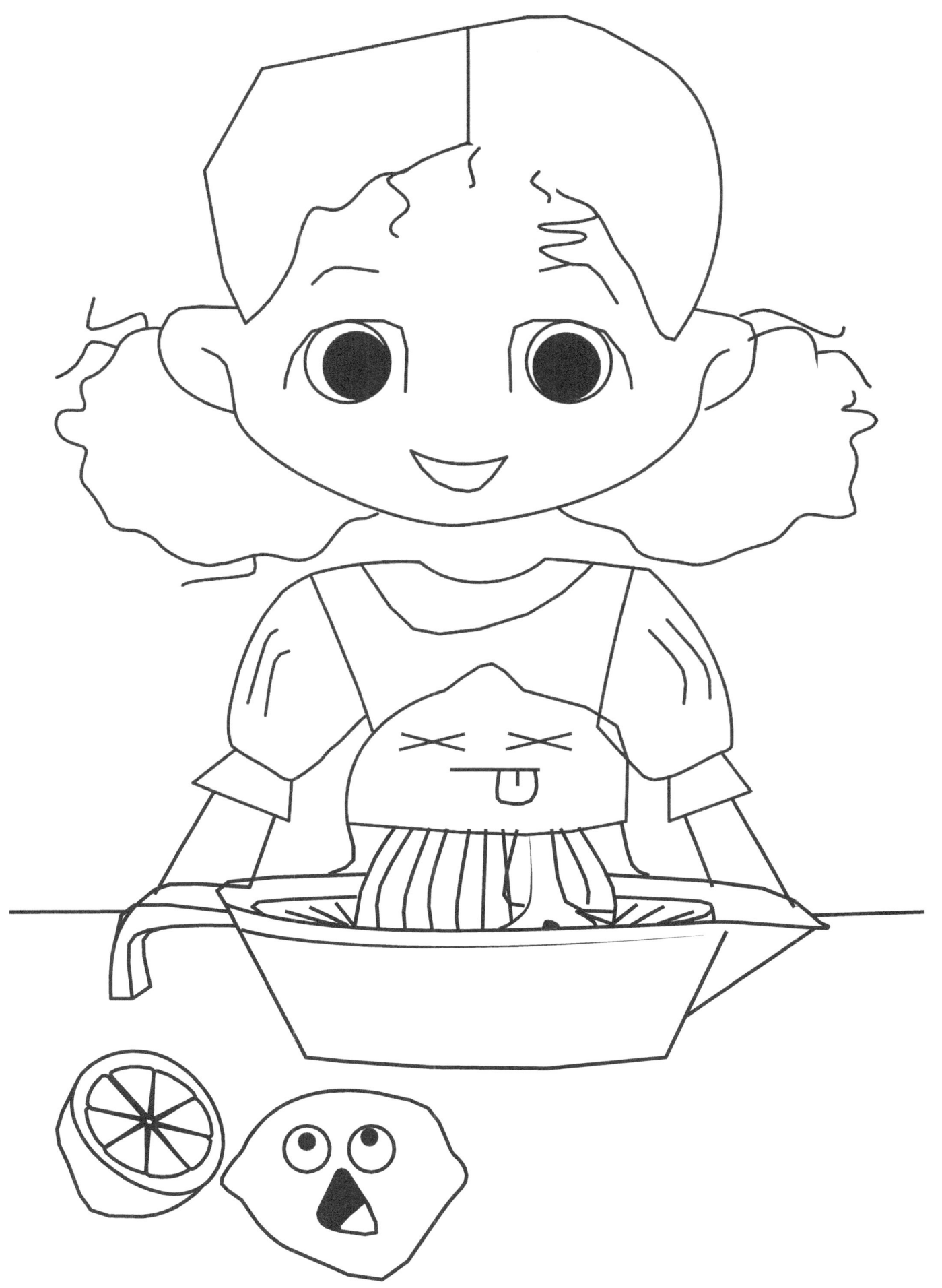

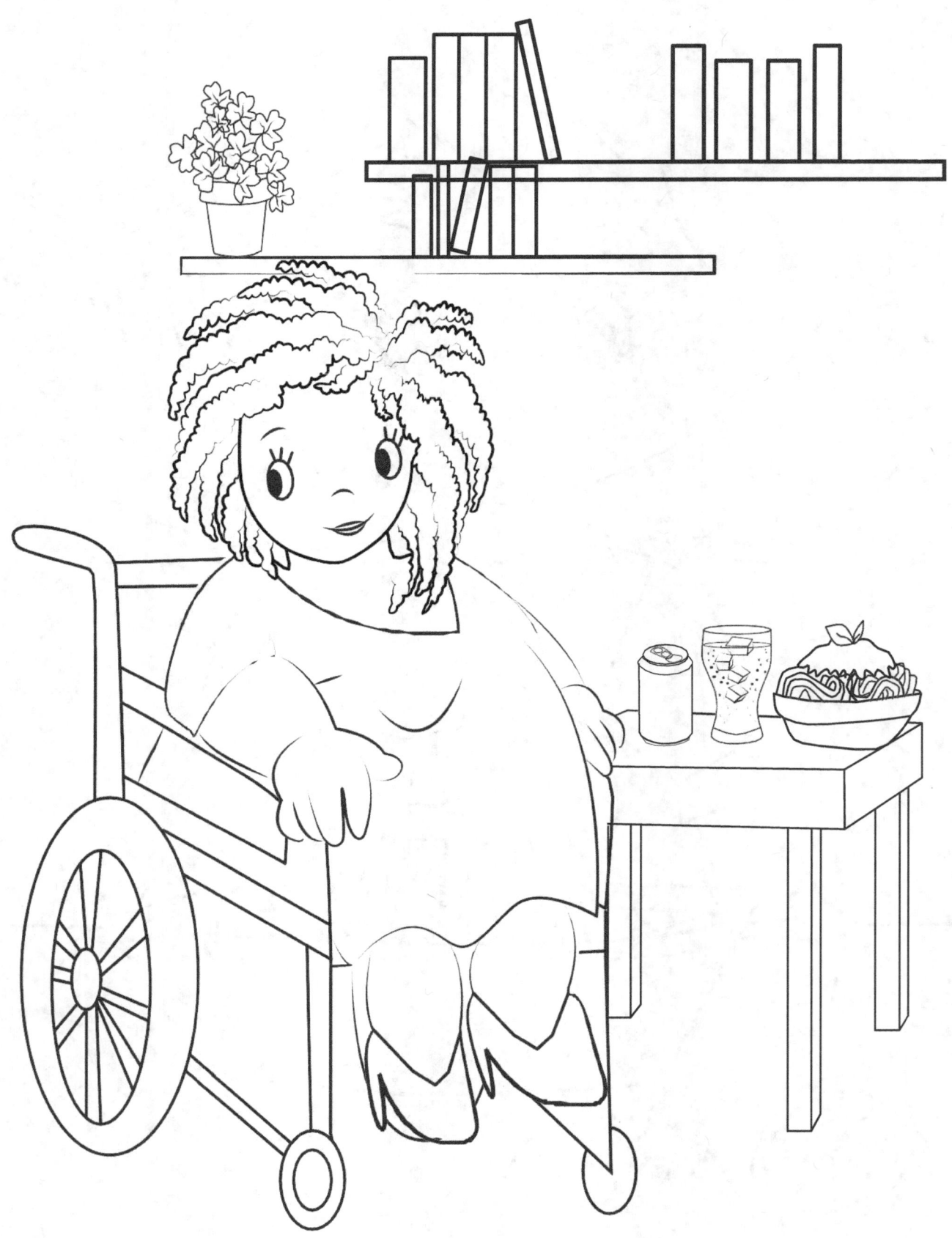

Mondays don't scare me.

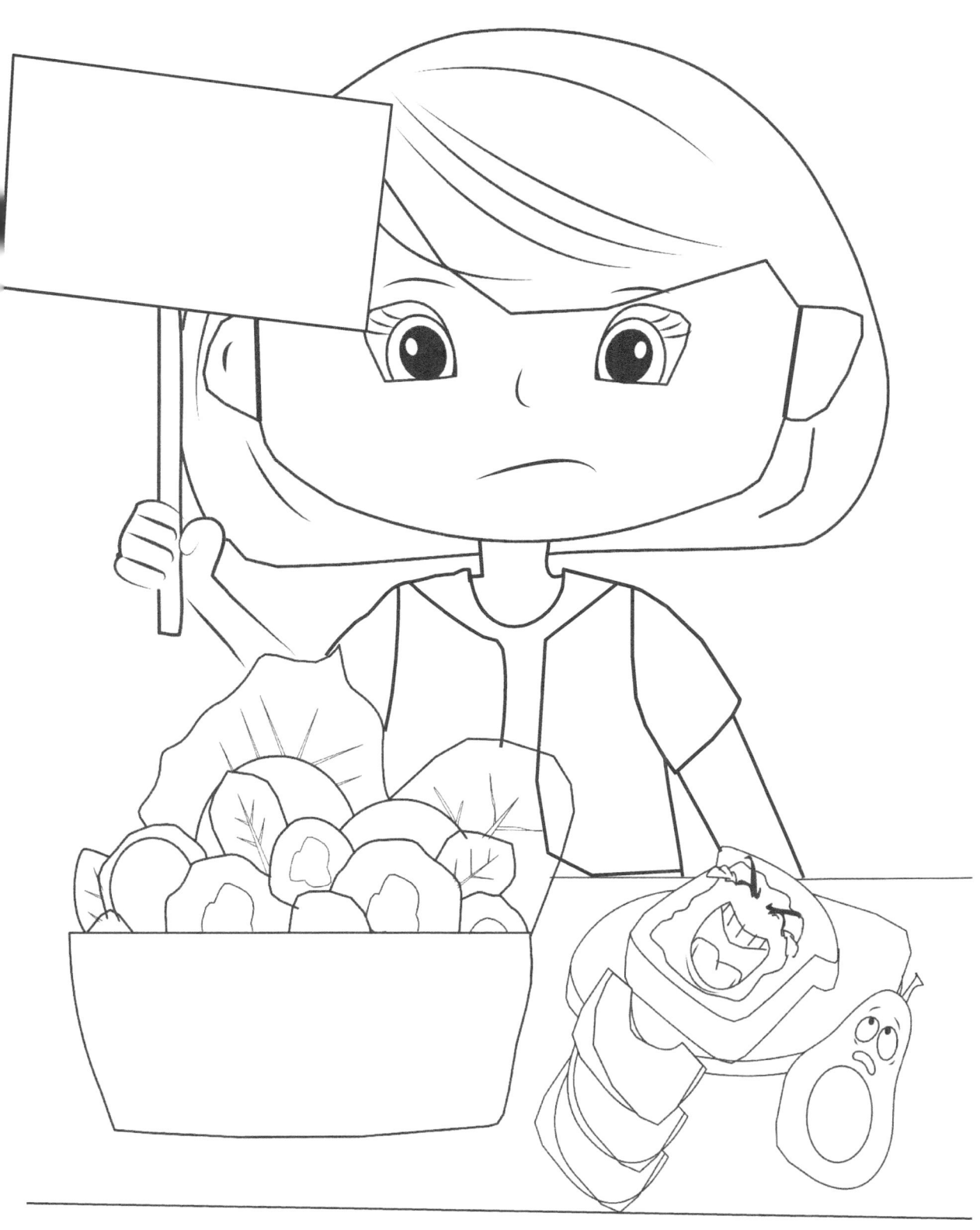

What should this sign read?

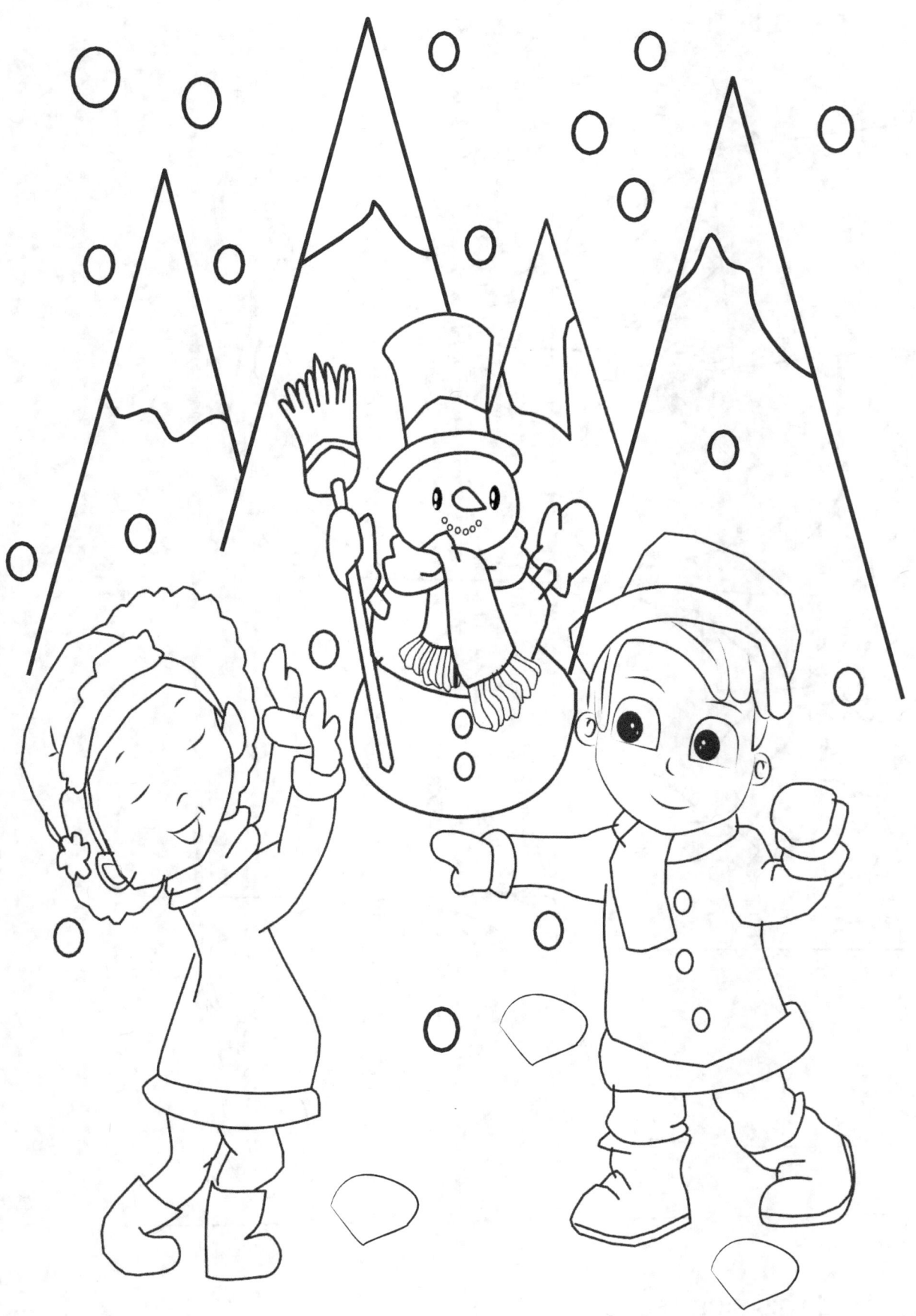

Snow days = fun days

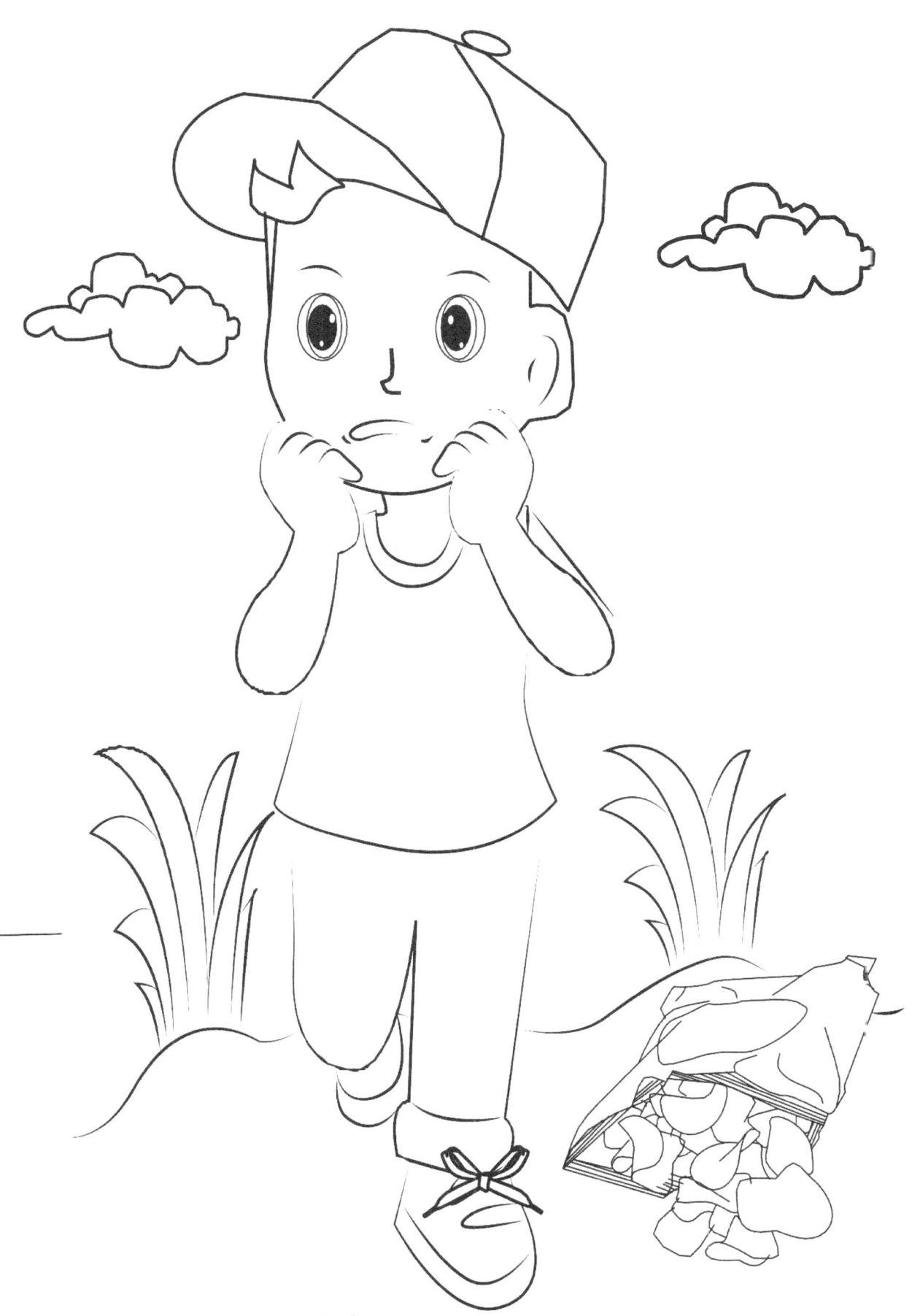
Oh chips! Where are yoouuu?!

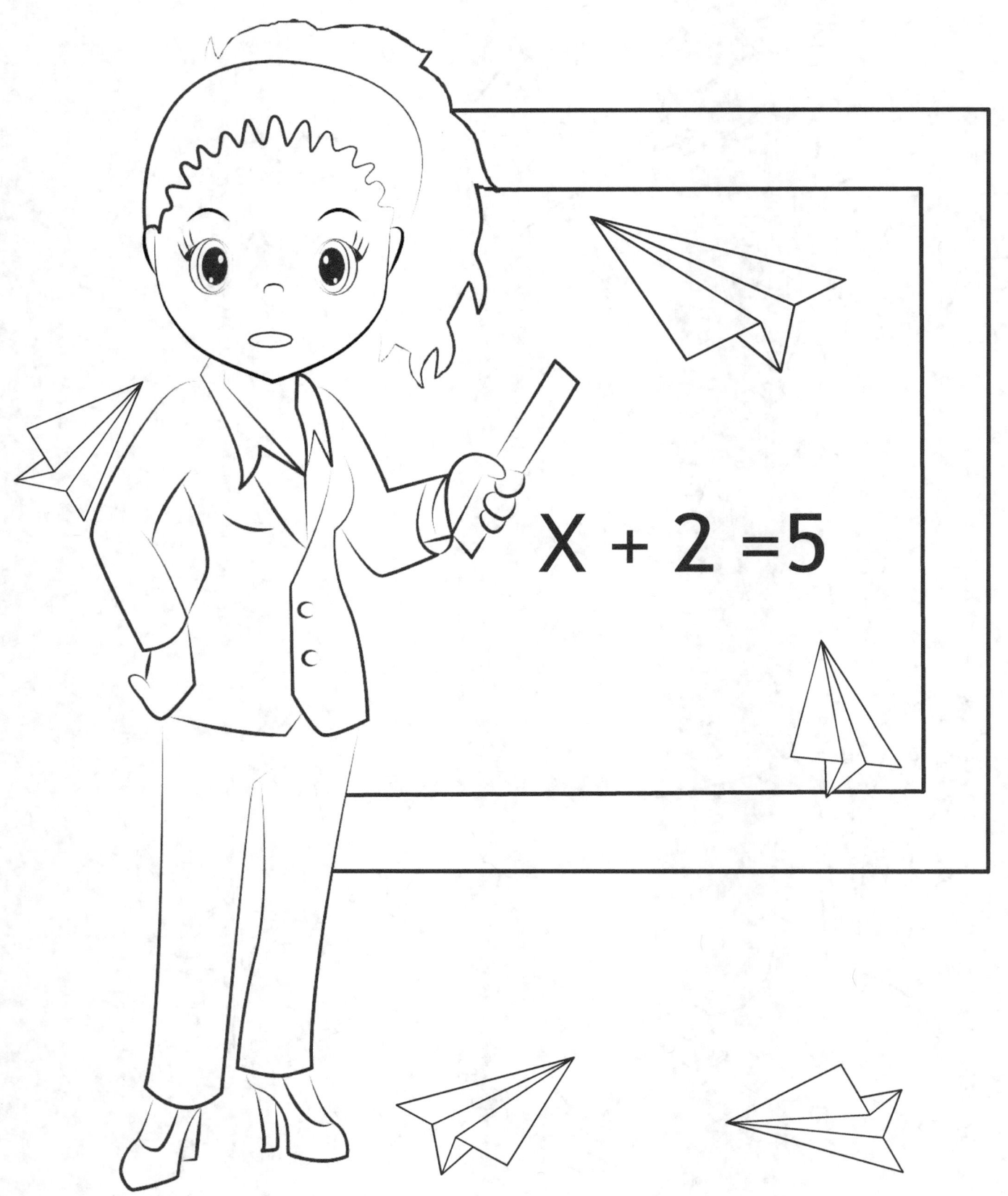

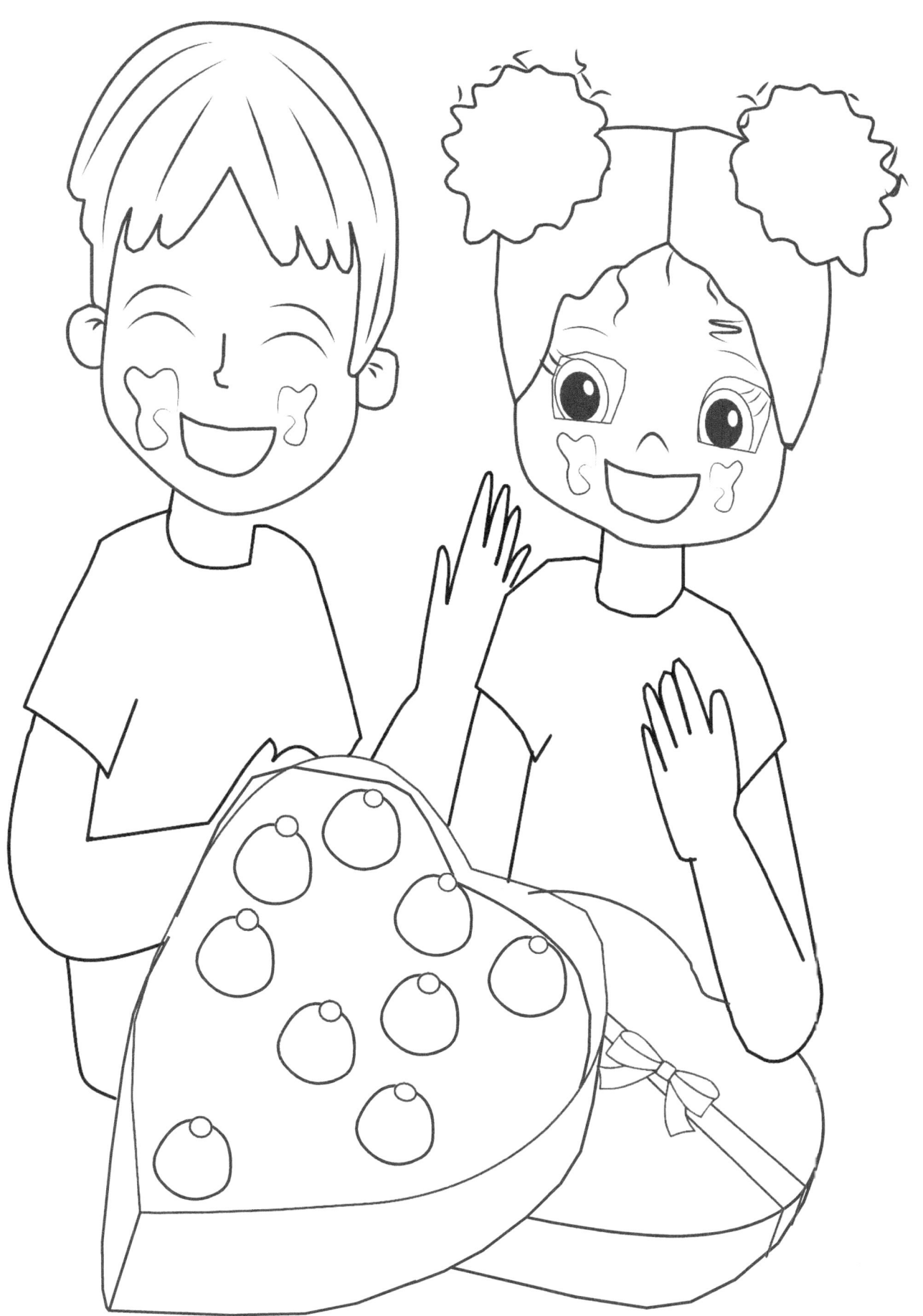

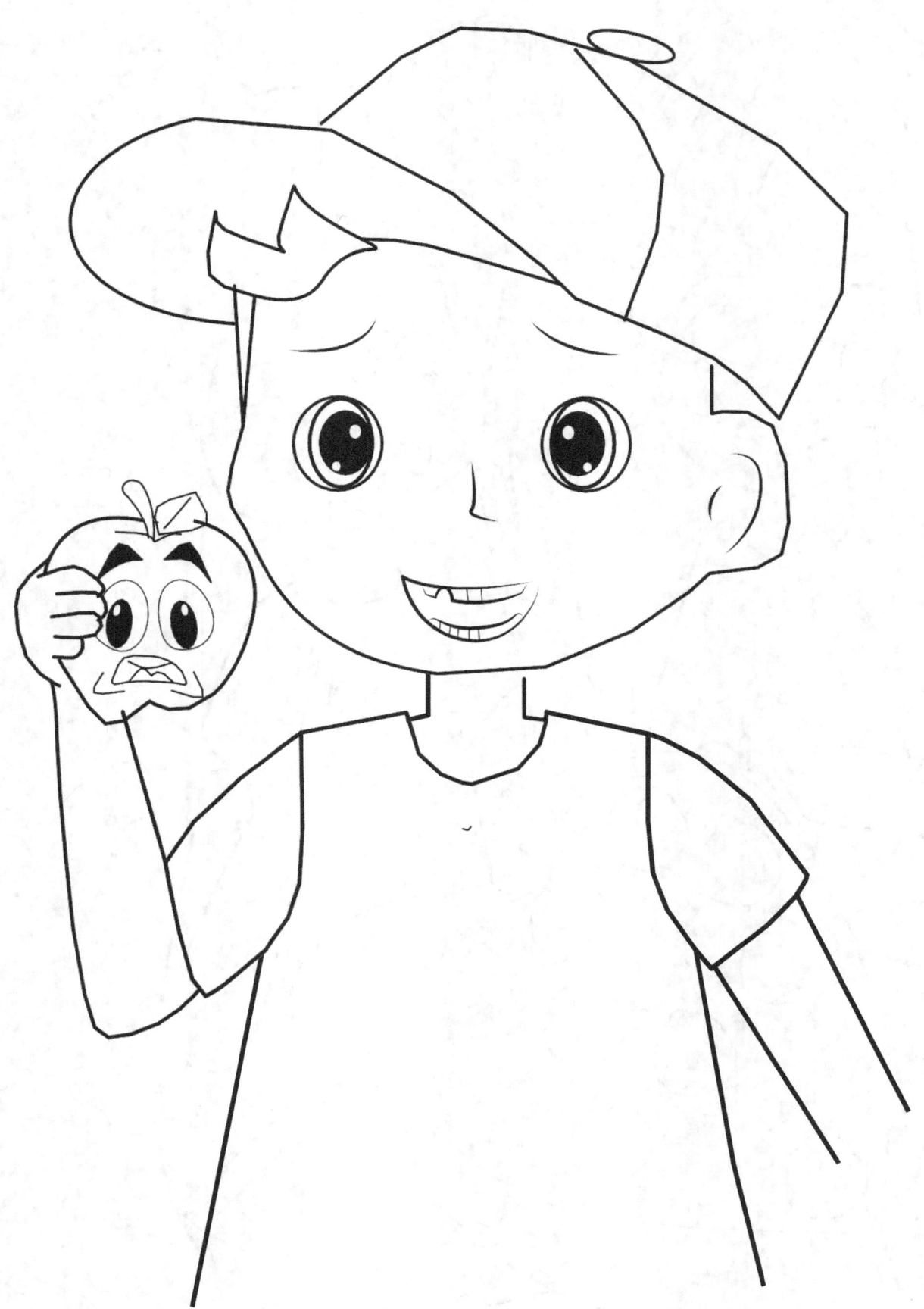

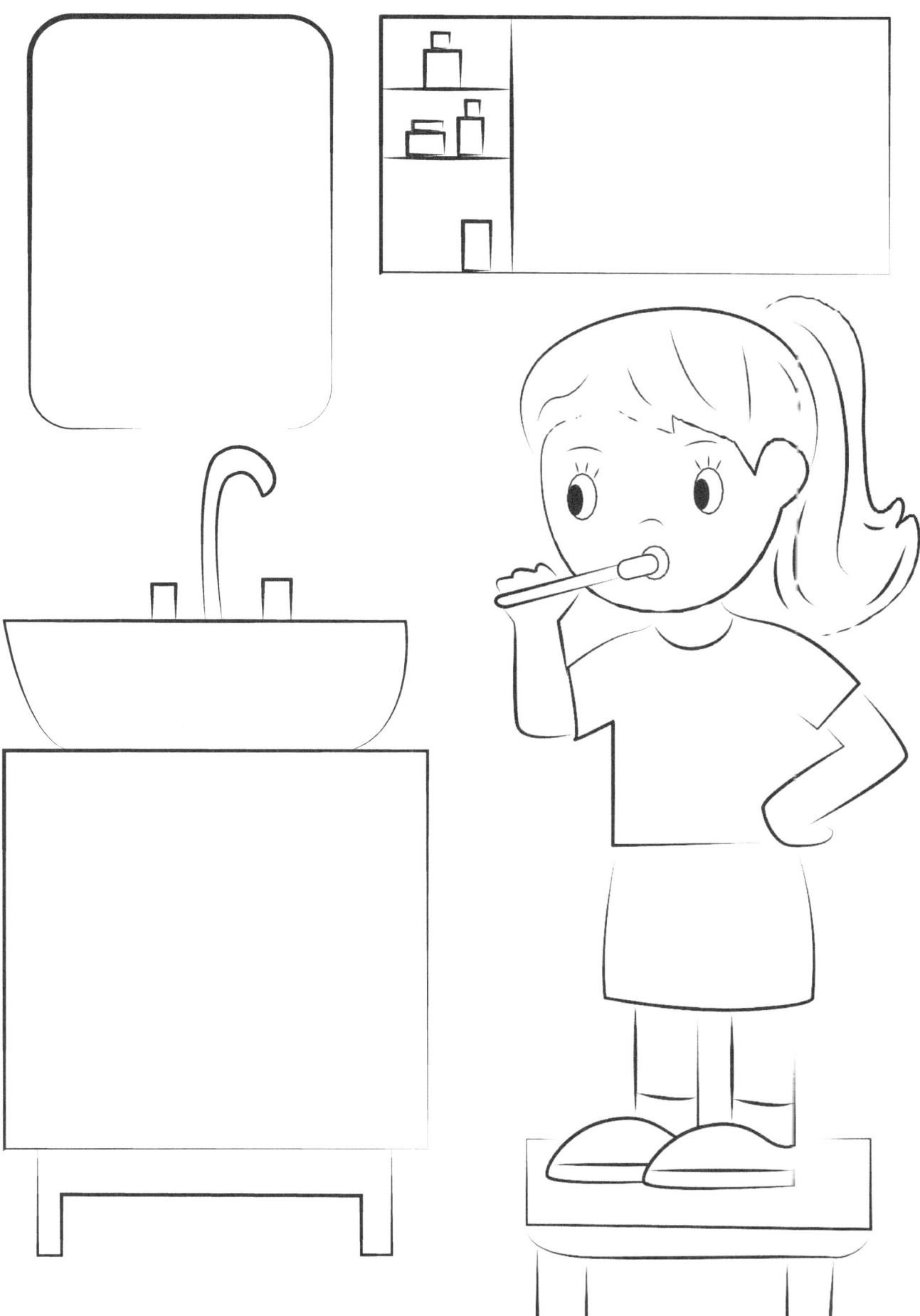

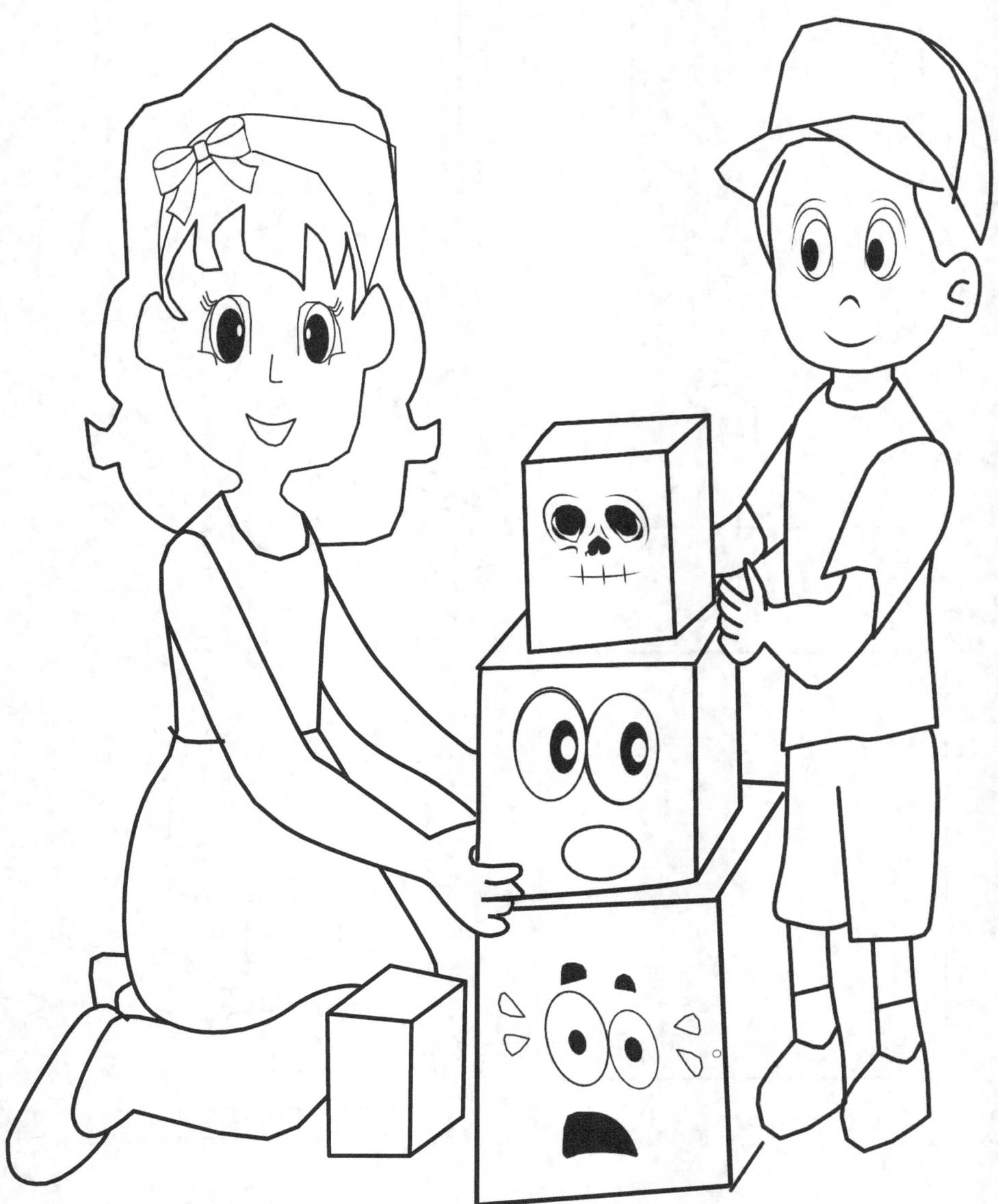

Super Fast Word Search

```
S B H G O C A N D Y E W K Z L J M
N B C N N G G U C O G H S Y E I W
S O P R B I O L H B U E E M M A V
P X O O A S G F E R Y E I M O K L
C O C L O Y D N M M X L H U N L V
B C T E L P O P I Z O C T Y S A O
X Q X A B A O N S S L H O S V W F
P V V Q T H B O T E T A O N J C S
M U S I C O B S R R O I M O R F X
O P B M T V C D Y W R R S W Y J W
L C A T C T O H V Q R F U F N D T
F U N H L W E T I Z A H X L X D M
U E A Y O N U H R P C I T A F Z T
G F N N U D N F G A S M L K H N A
A B A N D X U H I A C M A E V Z V
L W A A Y J R F H D P O M S E W R
Z B P Y M G Q F J E D S Z T X G E
```

spaghetti	chemistry	singing
walk	cloudy	smoothies
wheel chair	crayon	snowflakes
yummy	fun	carrot
art	lemon	run
balloon	music	
banana	poo poo	
candy	potato chips	

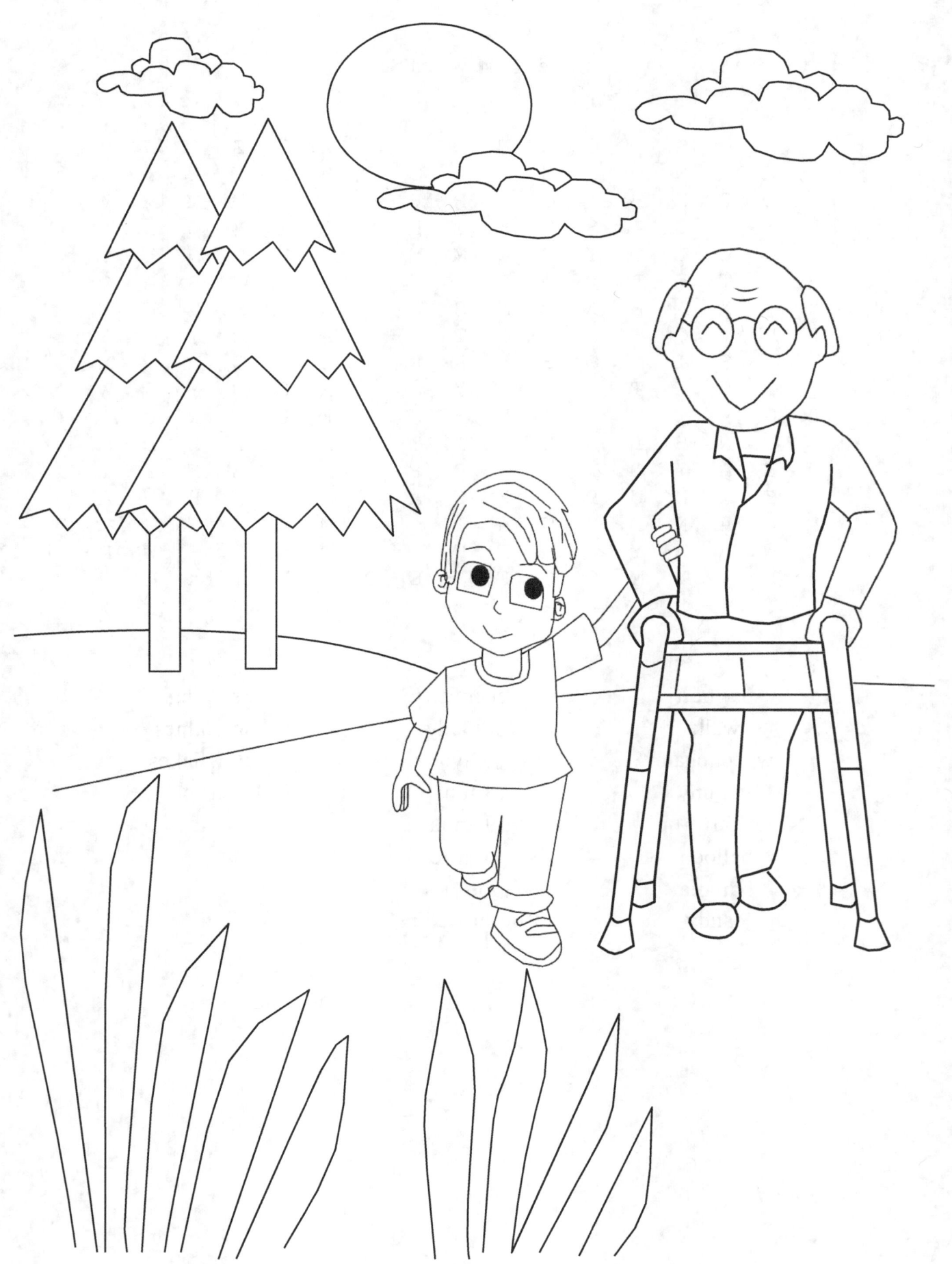

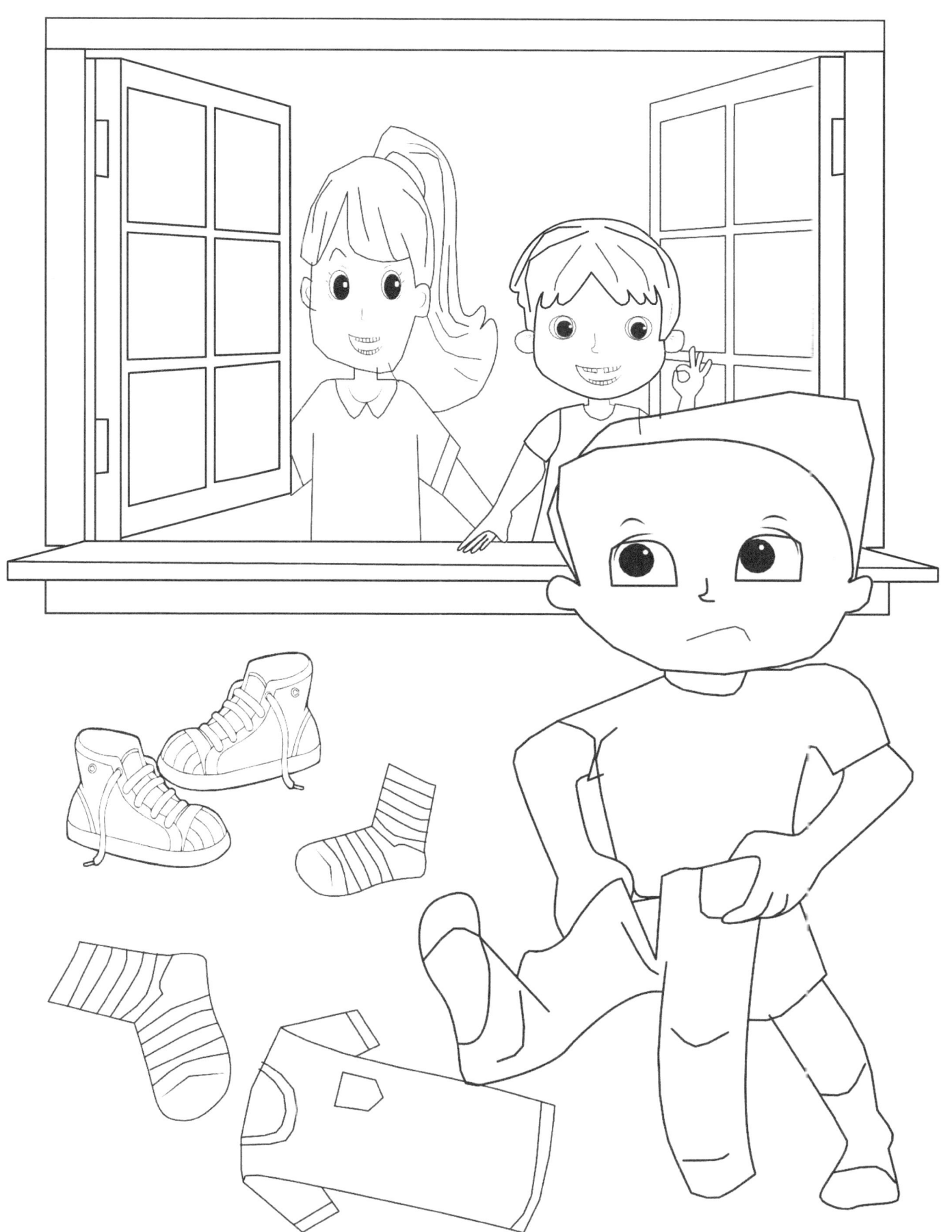

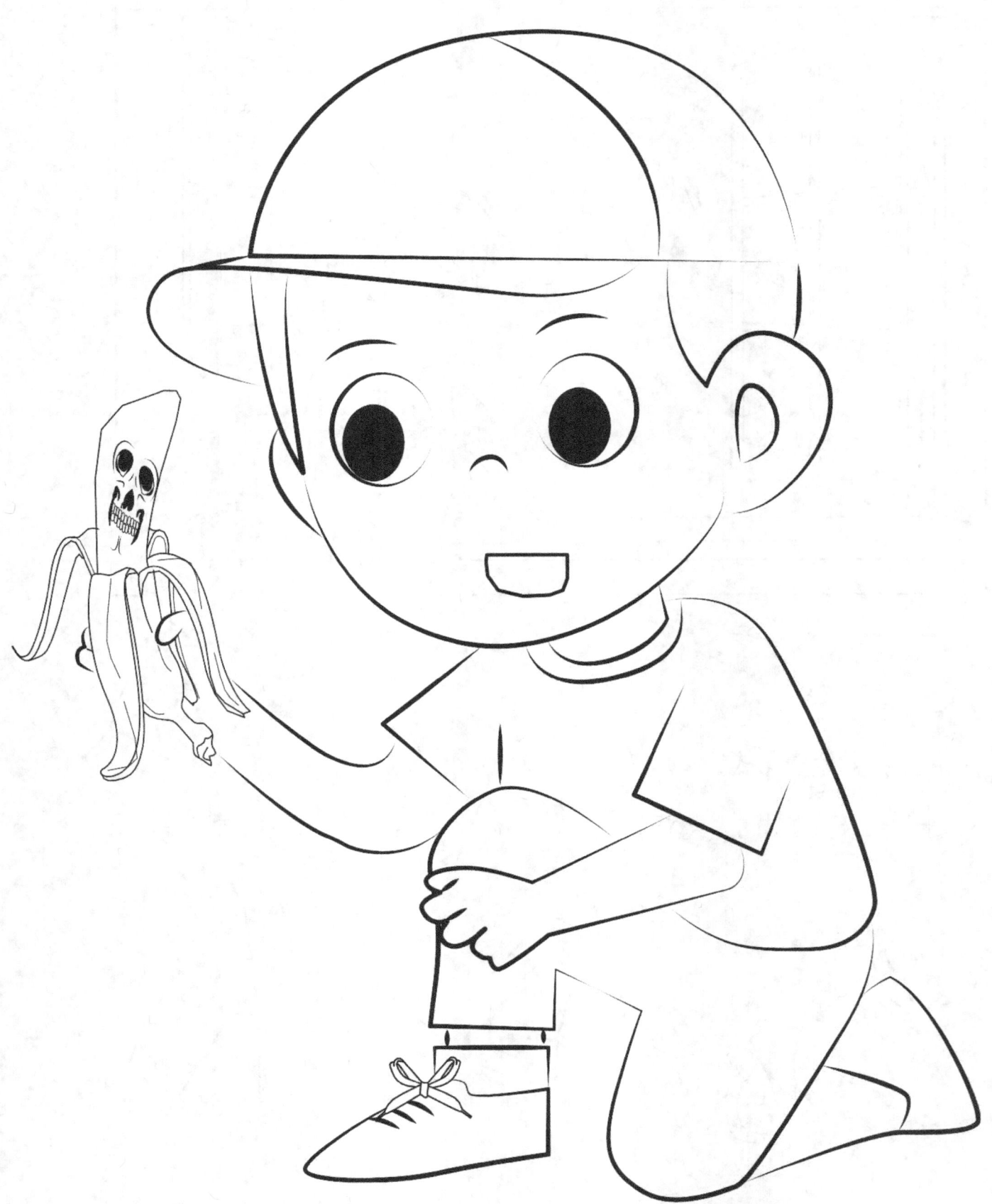

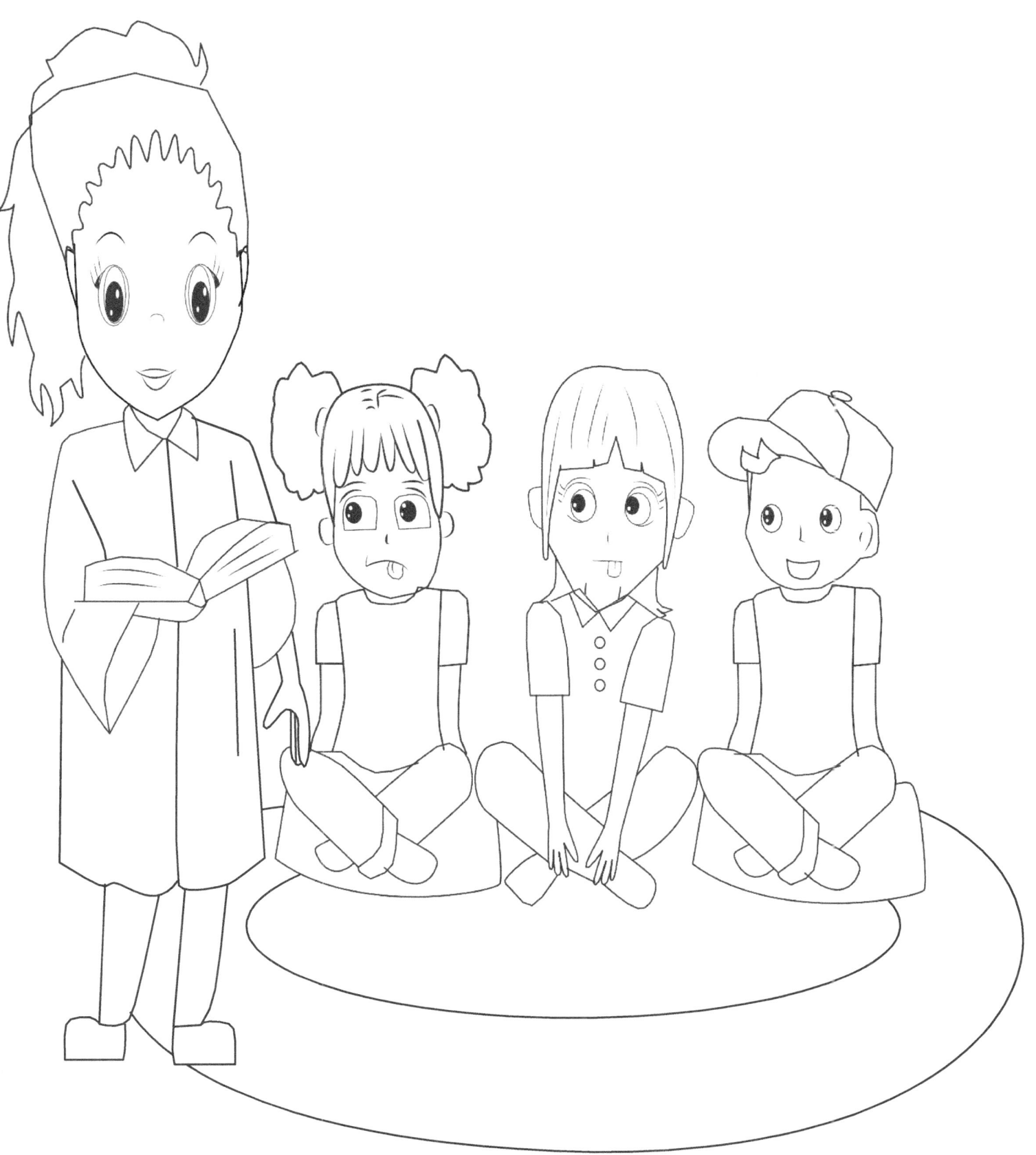

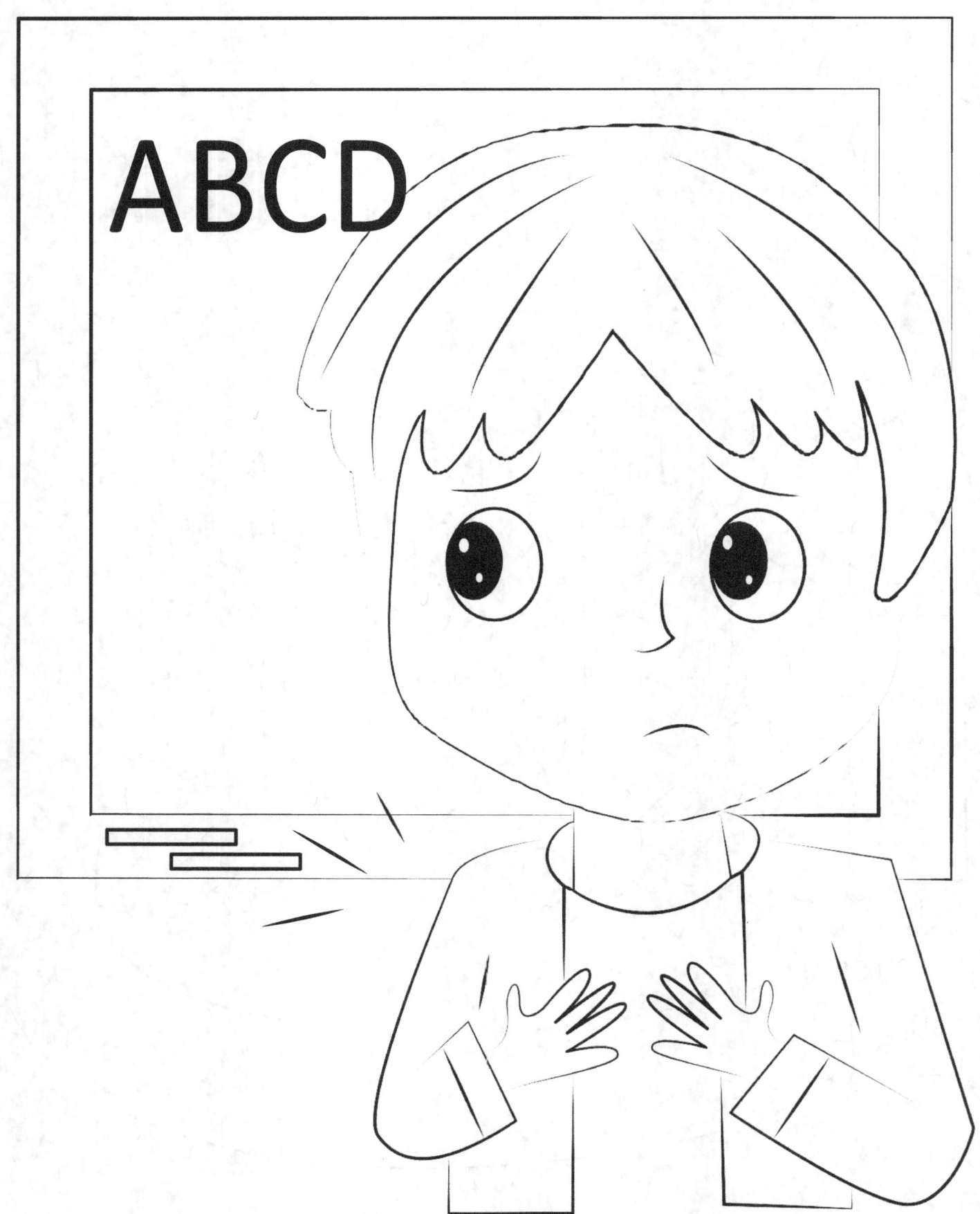

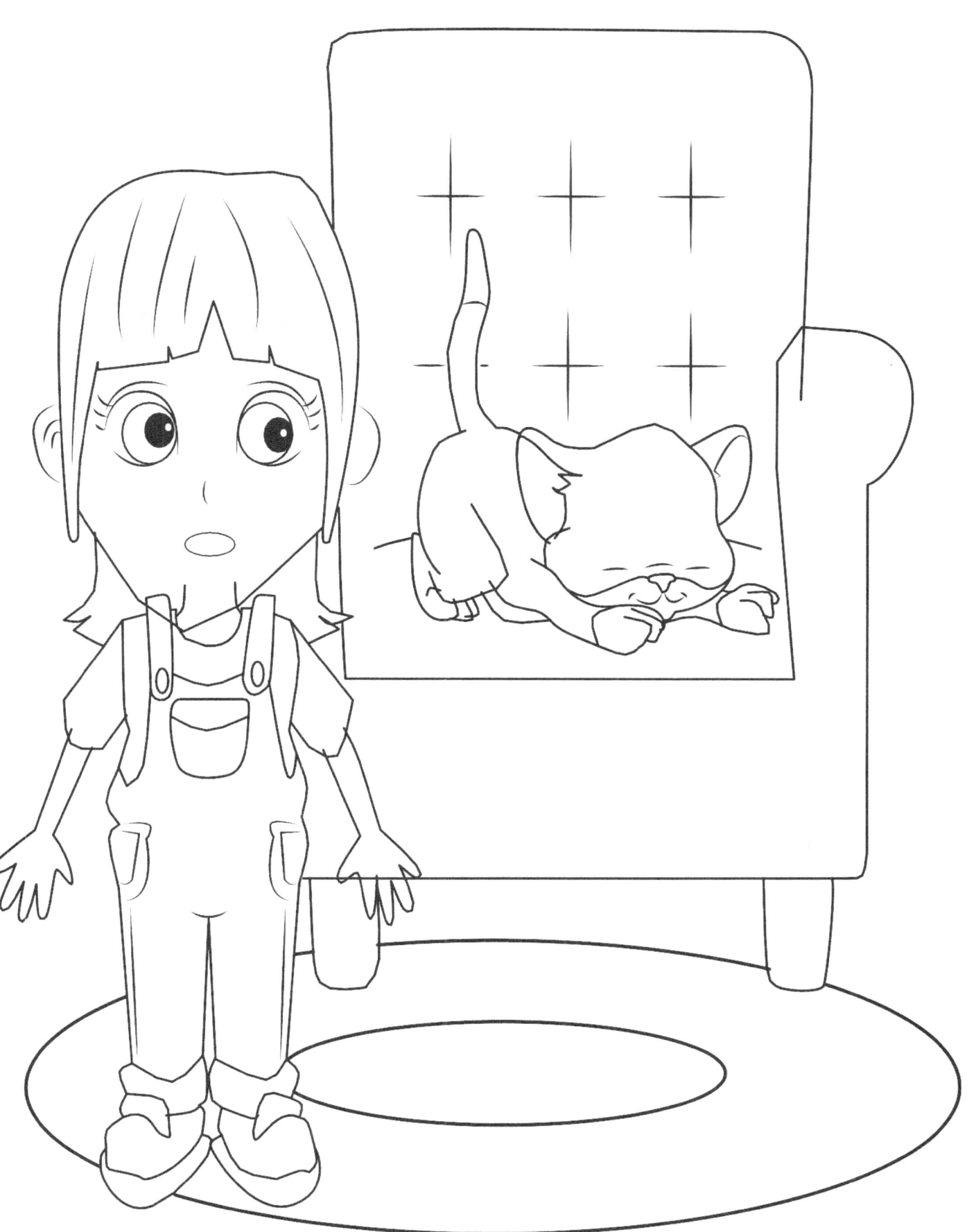

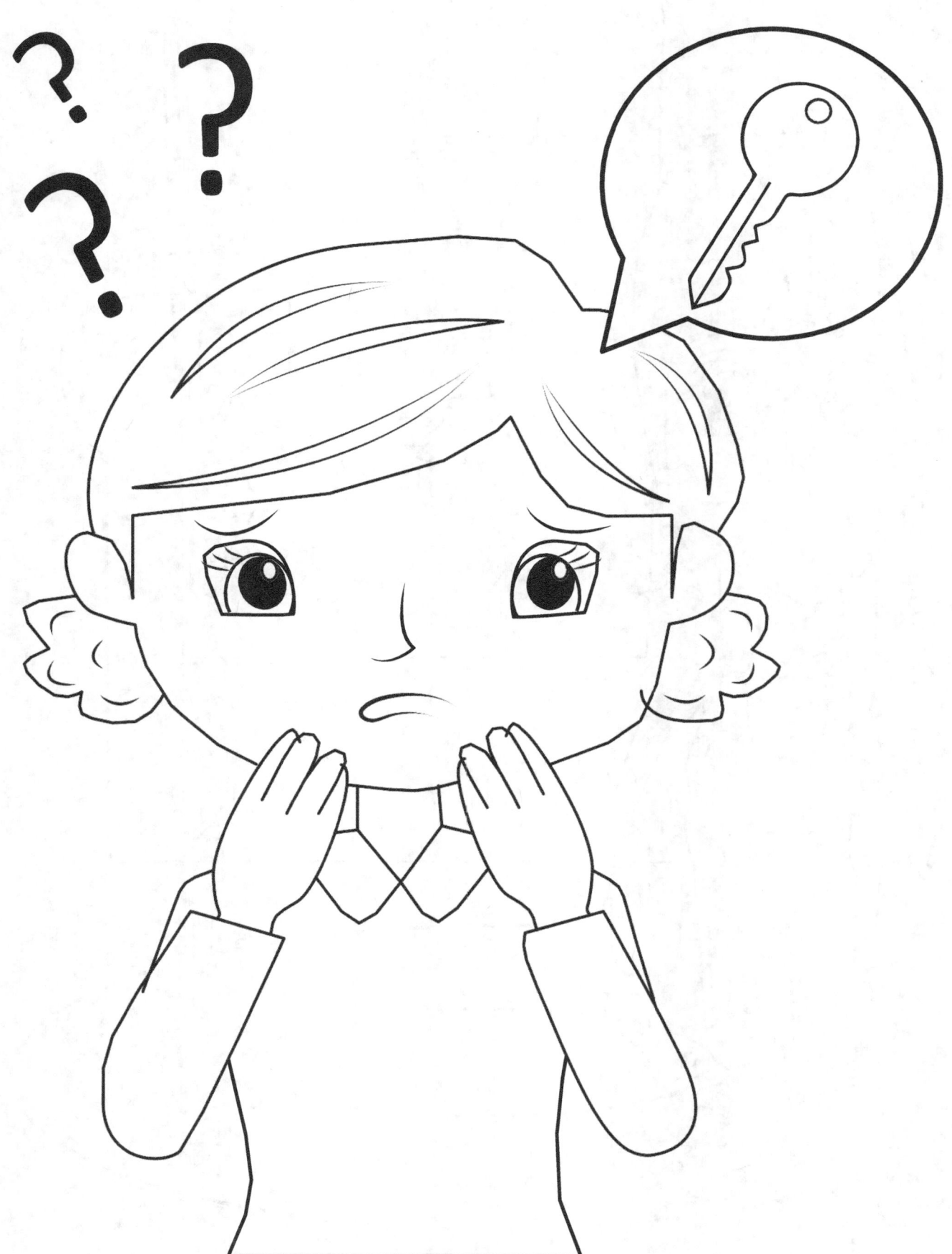

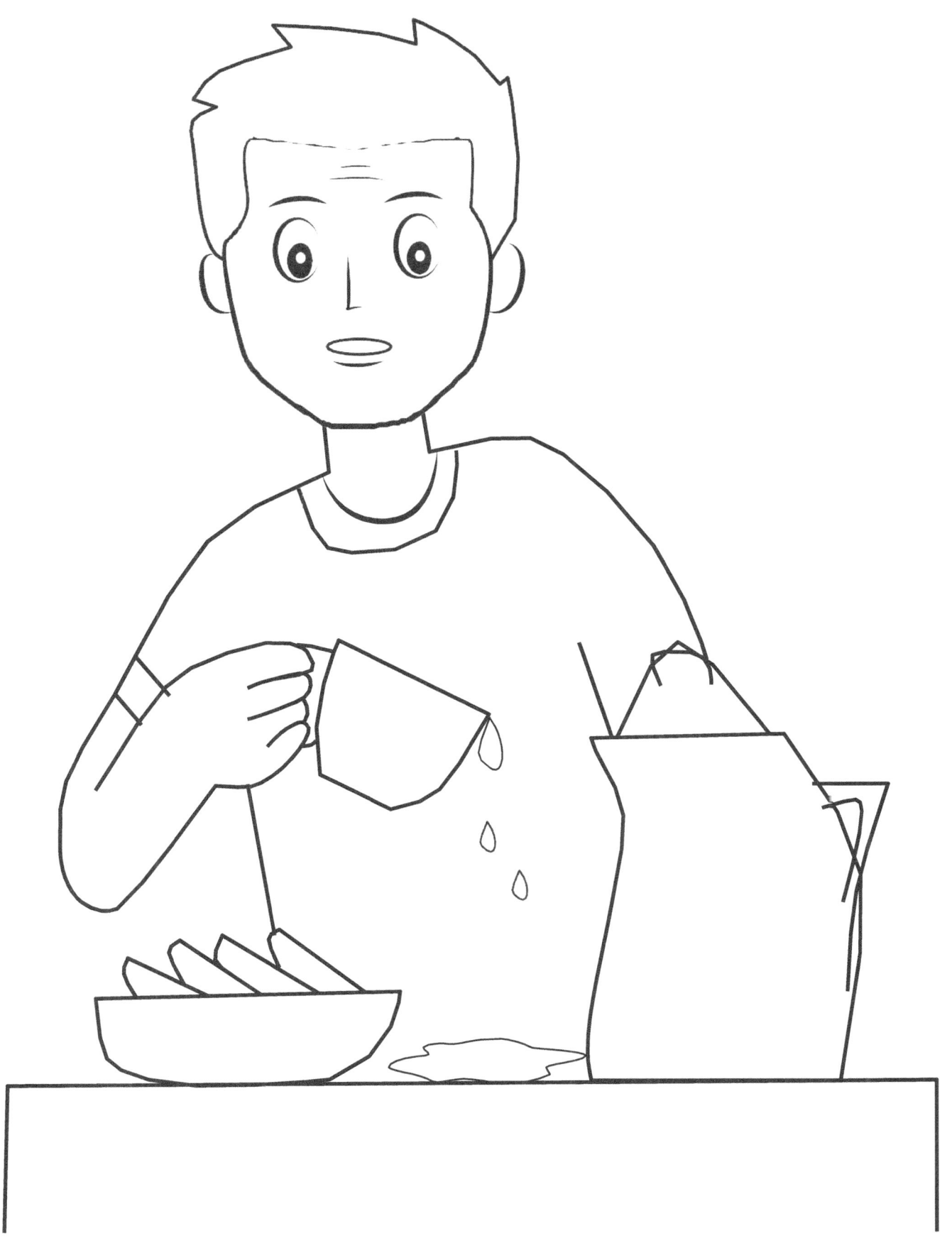

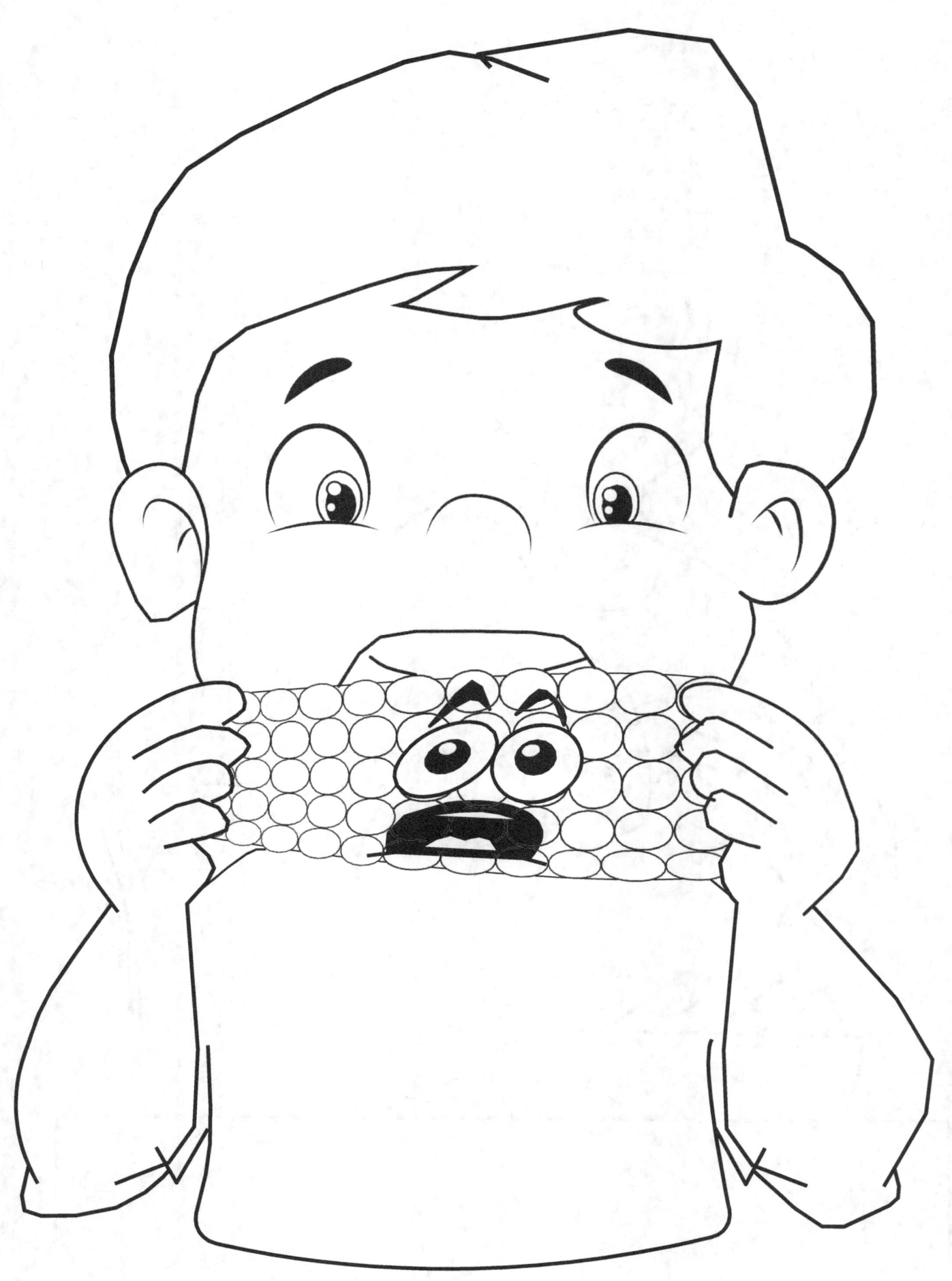

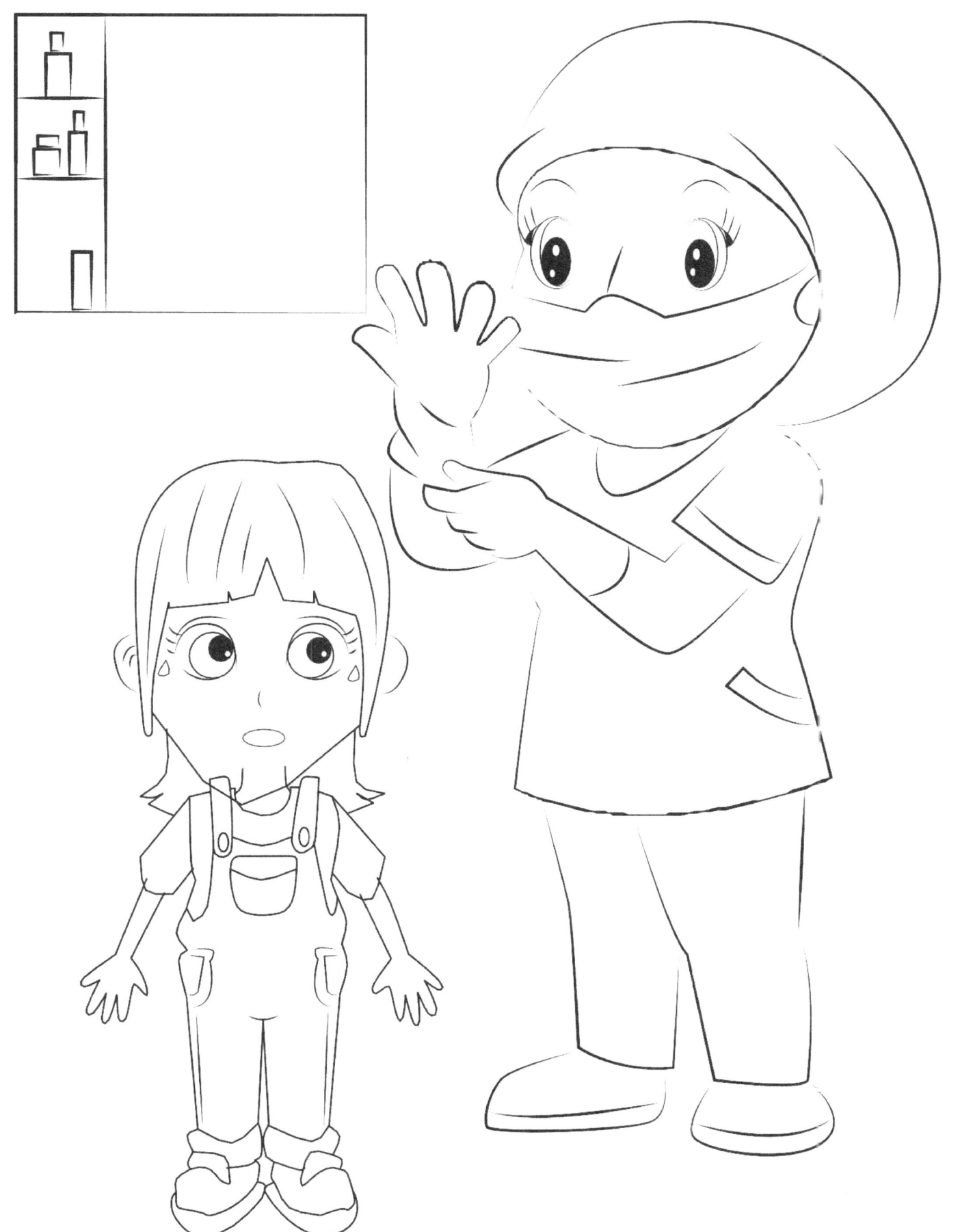

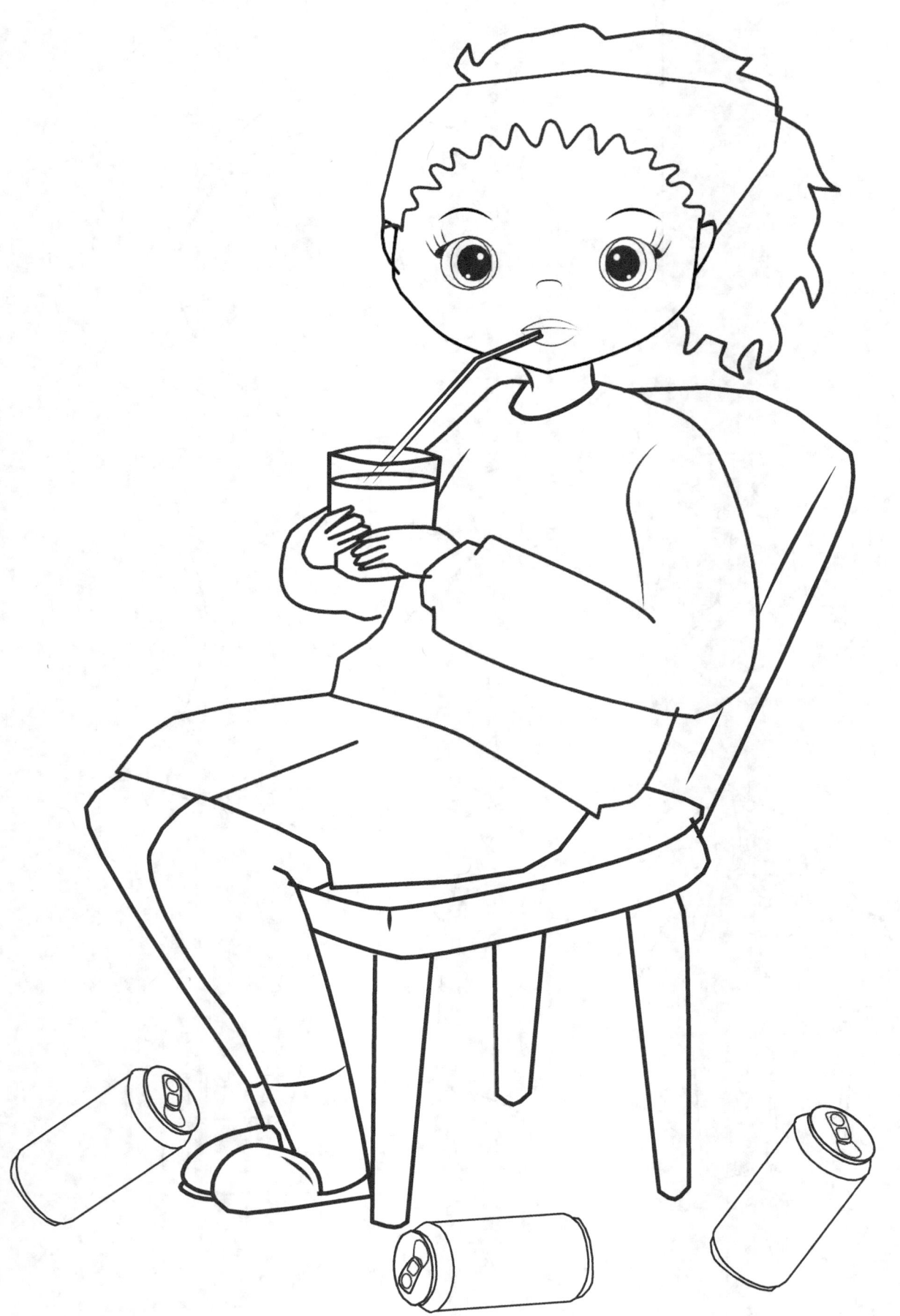

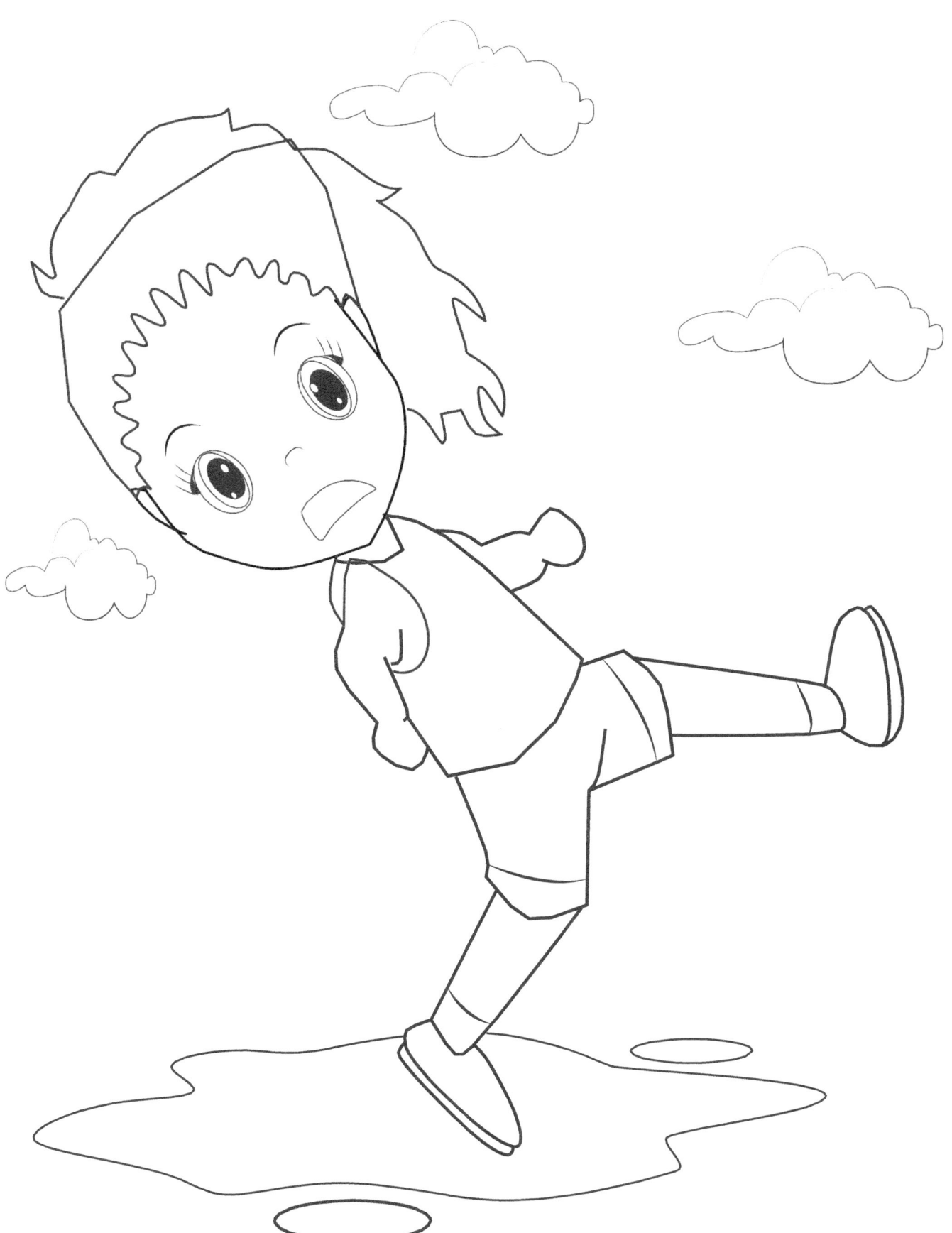

New Fruits to Get to Know
(if not yet among your favorites)

```
R D O I G Q U I N C E B C S C M K Z E
Q N L E J K N M R J I N T W U D U
W B A U I H R O F G W N T B I F M Y A
Y B J I H J M A B K K G R I U L Q R Y
R N W I R M L X L U I G X R U U A Z
J X C W I U R Q A T W A T W F D A W D
A P S S W G D J C K I V A C N D T B Q
Y X R D F F N F K N F A Q C O P G G Y
A E O W X N U Y B W R O O T I U Y N R
P S O U R S O P E Z U I Z M S O C Y R
A M O S V G I F R H I T W P S Y B R E
P Z M F T A P I R K T T W D A R L R B
O P L U M T T M Y T S F Q N P R D E E
W D R A G O N F R U I T V I Q E J B S
A T I U R F R A T S S X R R X B I P O
I Z Y F Y D Q X V W U I I A W E A S O
T I U R F K C A J E L N R M J N N A G
A P R I C O T F C I D H C A F I M R W
M M U L B E R R Y U Z U O T R P V P R
```

Apricot	Kiwifruit	Quince
Blackberry	Kumquat	Raspberry
Dragonfruit	Mulberry	Soursop
Durian	Papaya	Star fruit
Fig	Passionfruit	Tamarind
Gooseberry	Persimmon	Yuzu
Guava	Pineberry	
Jackfruit	Plum	

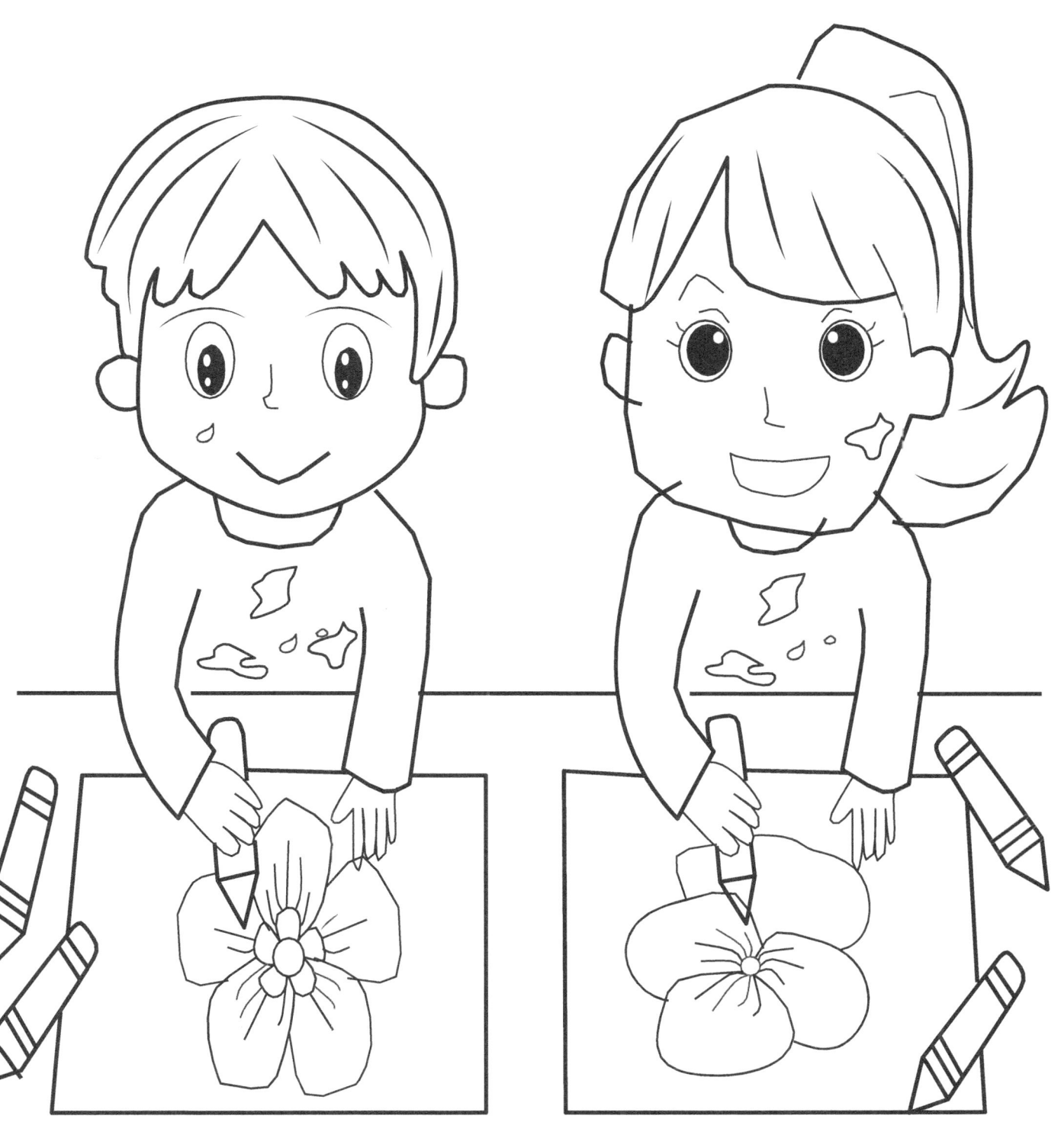

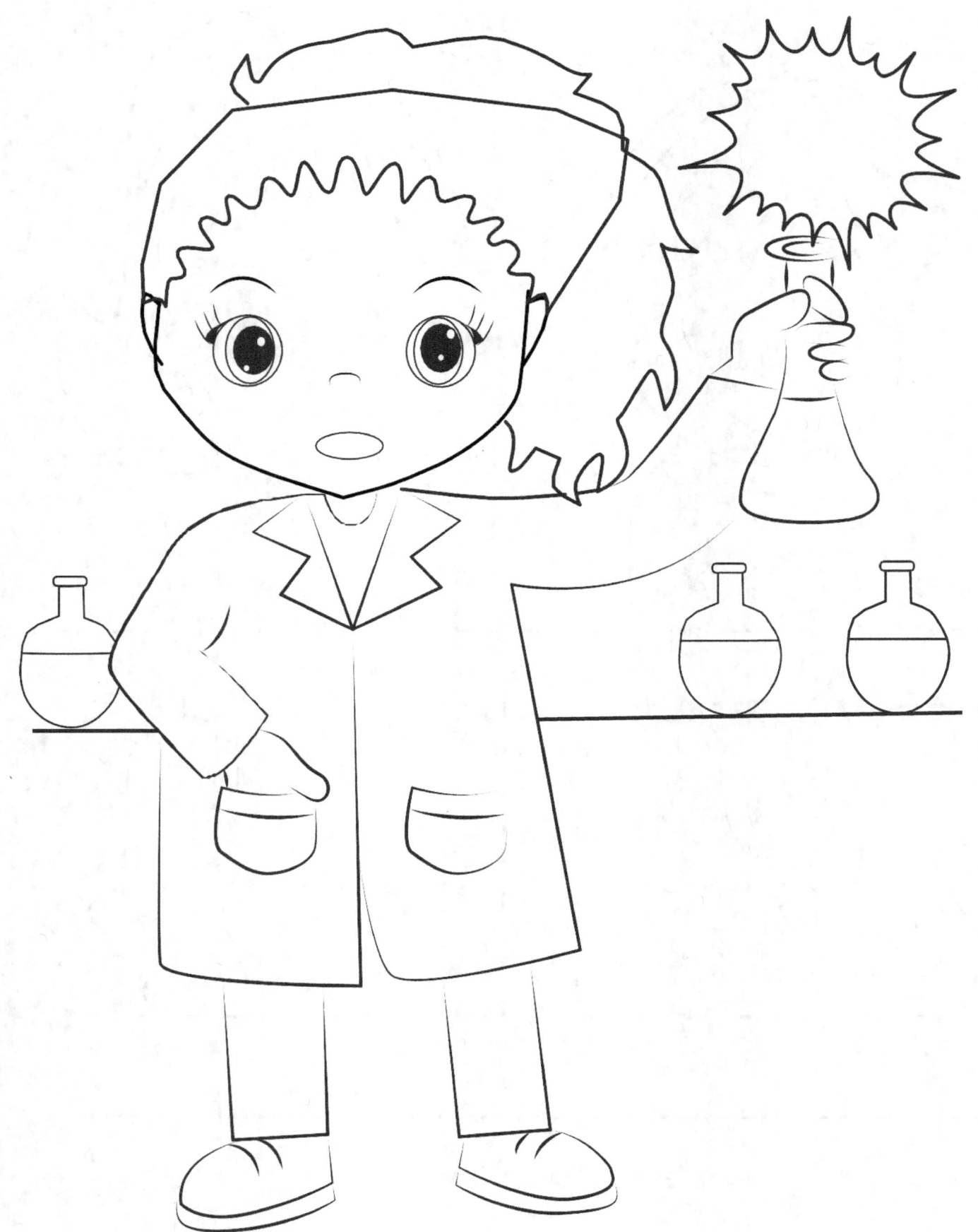

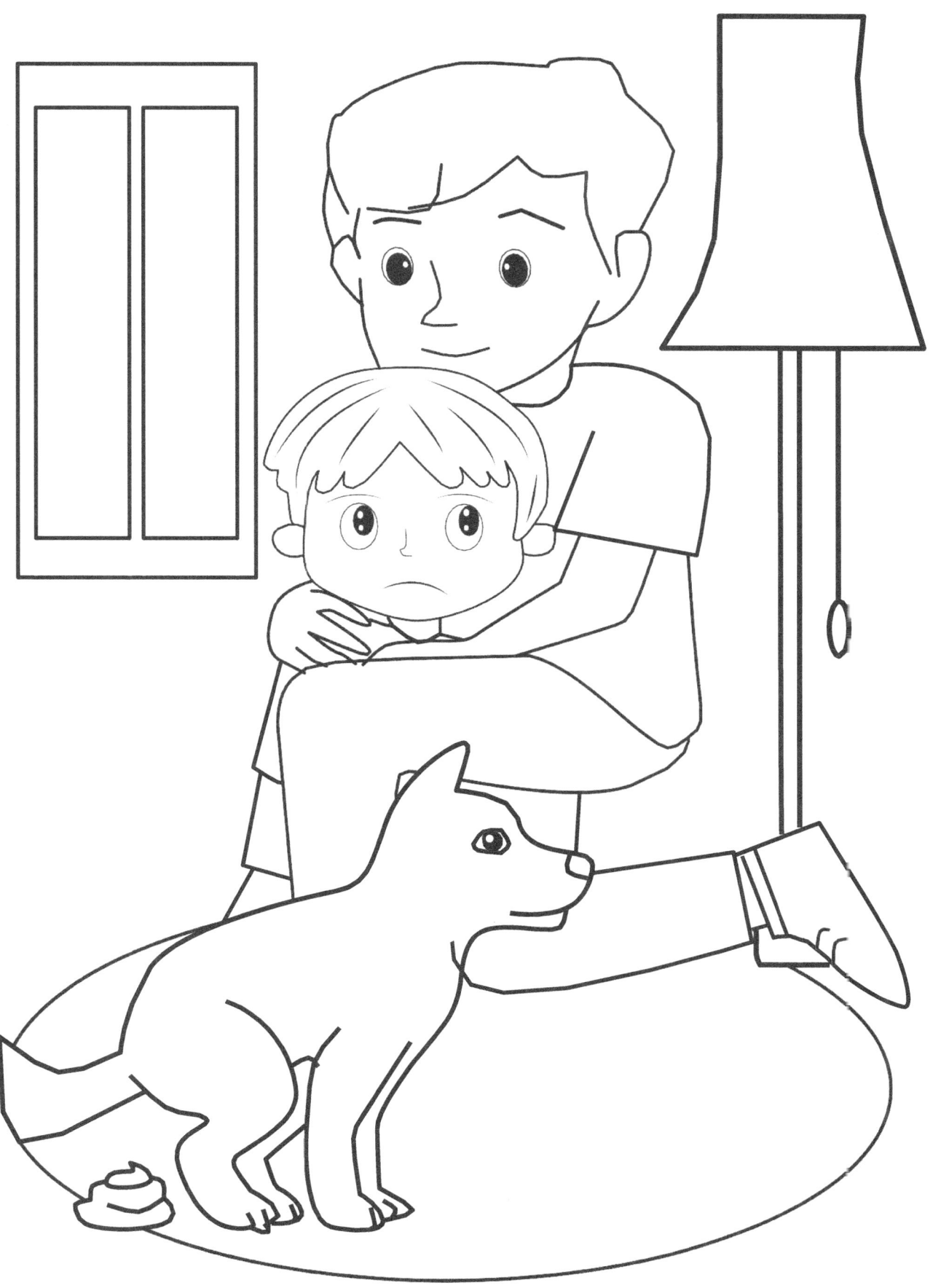

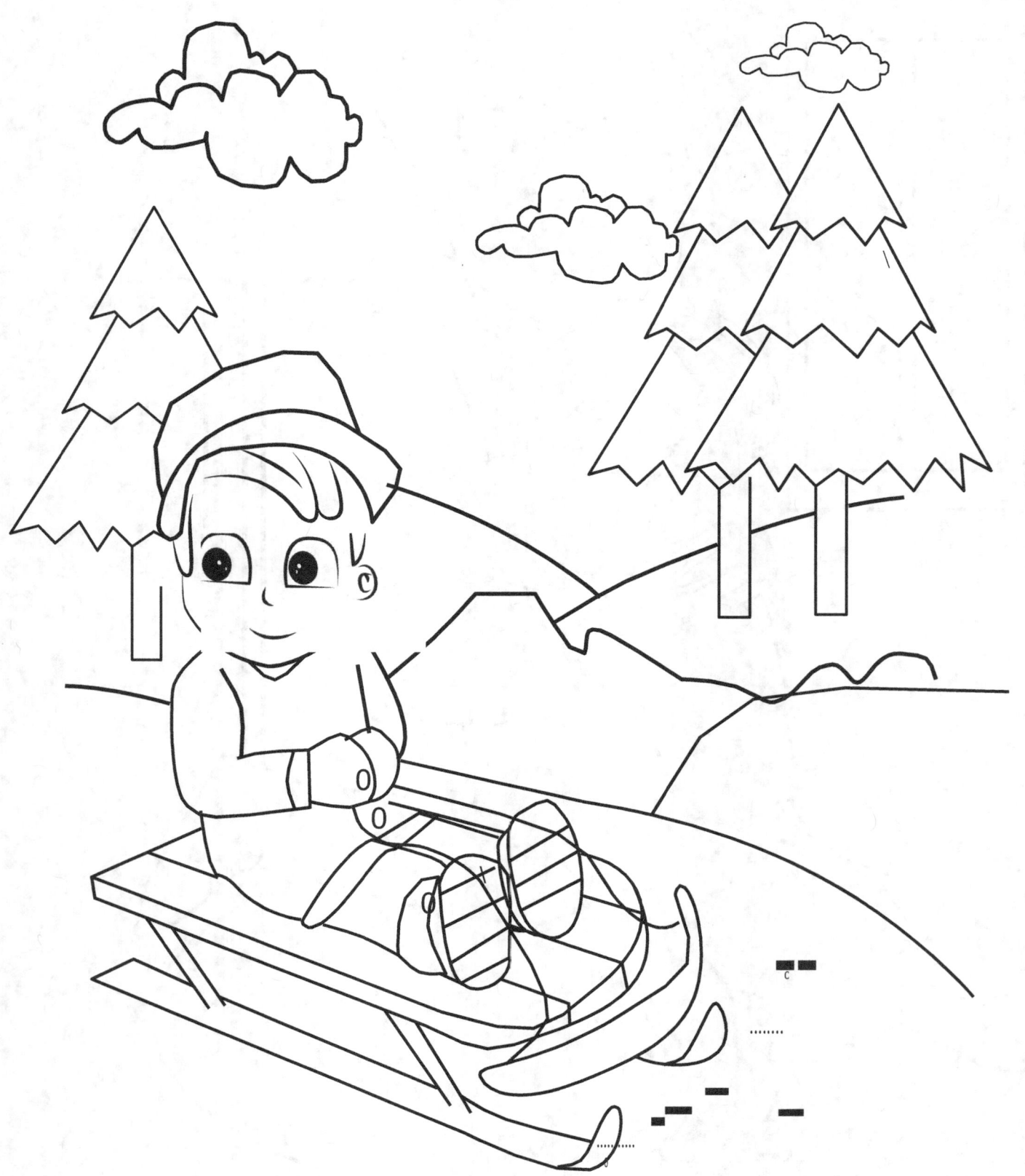

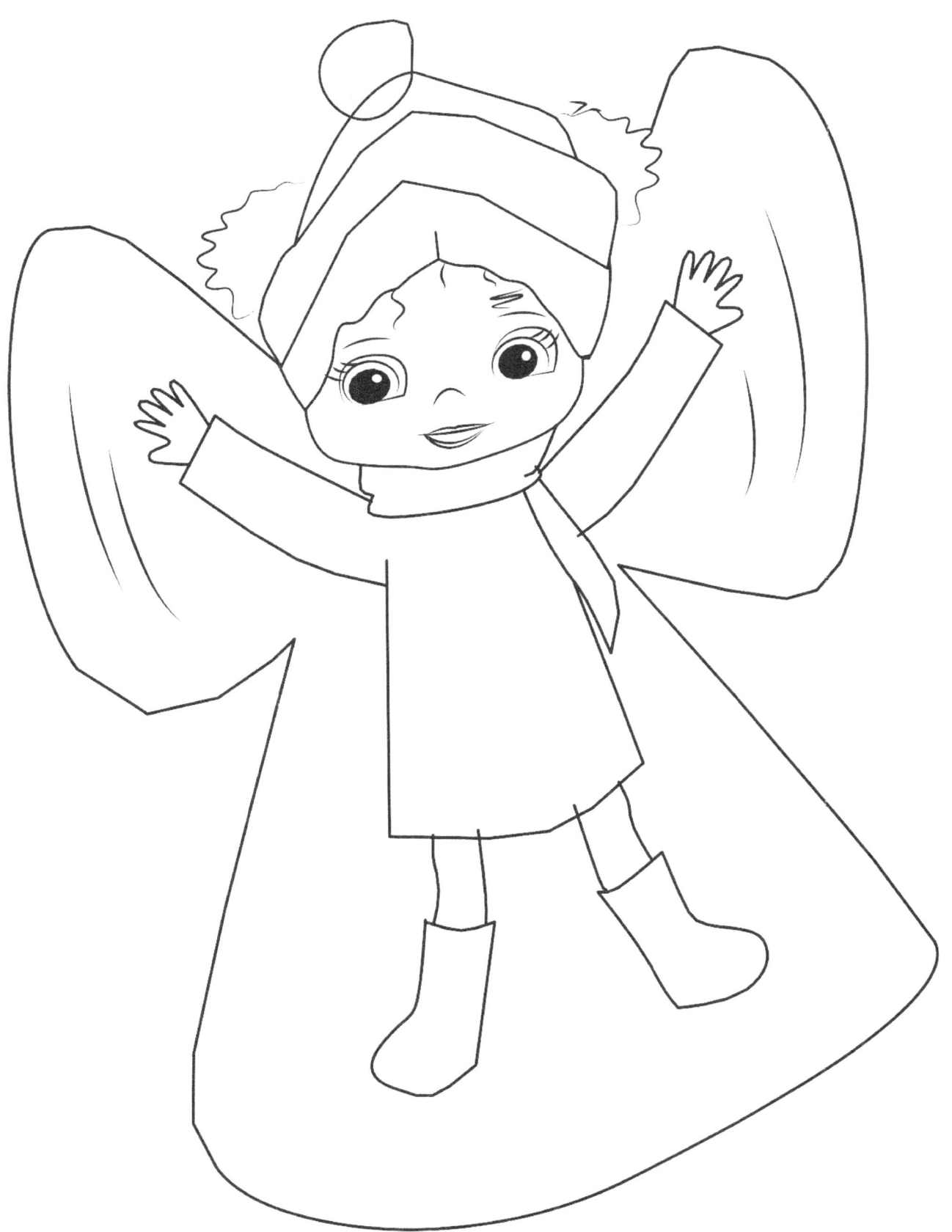

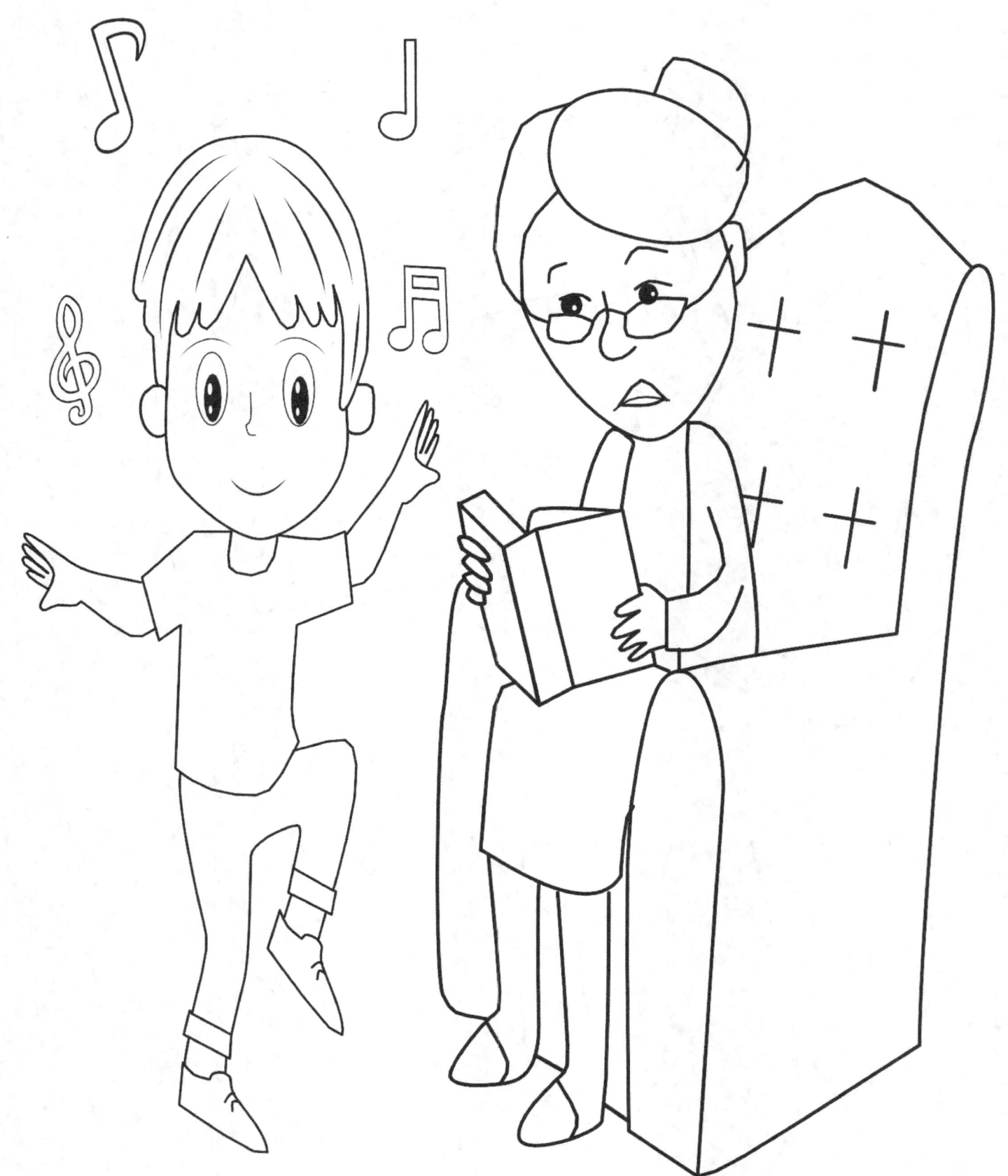

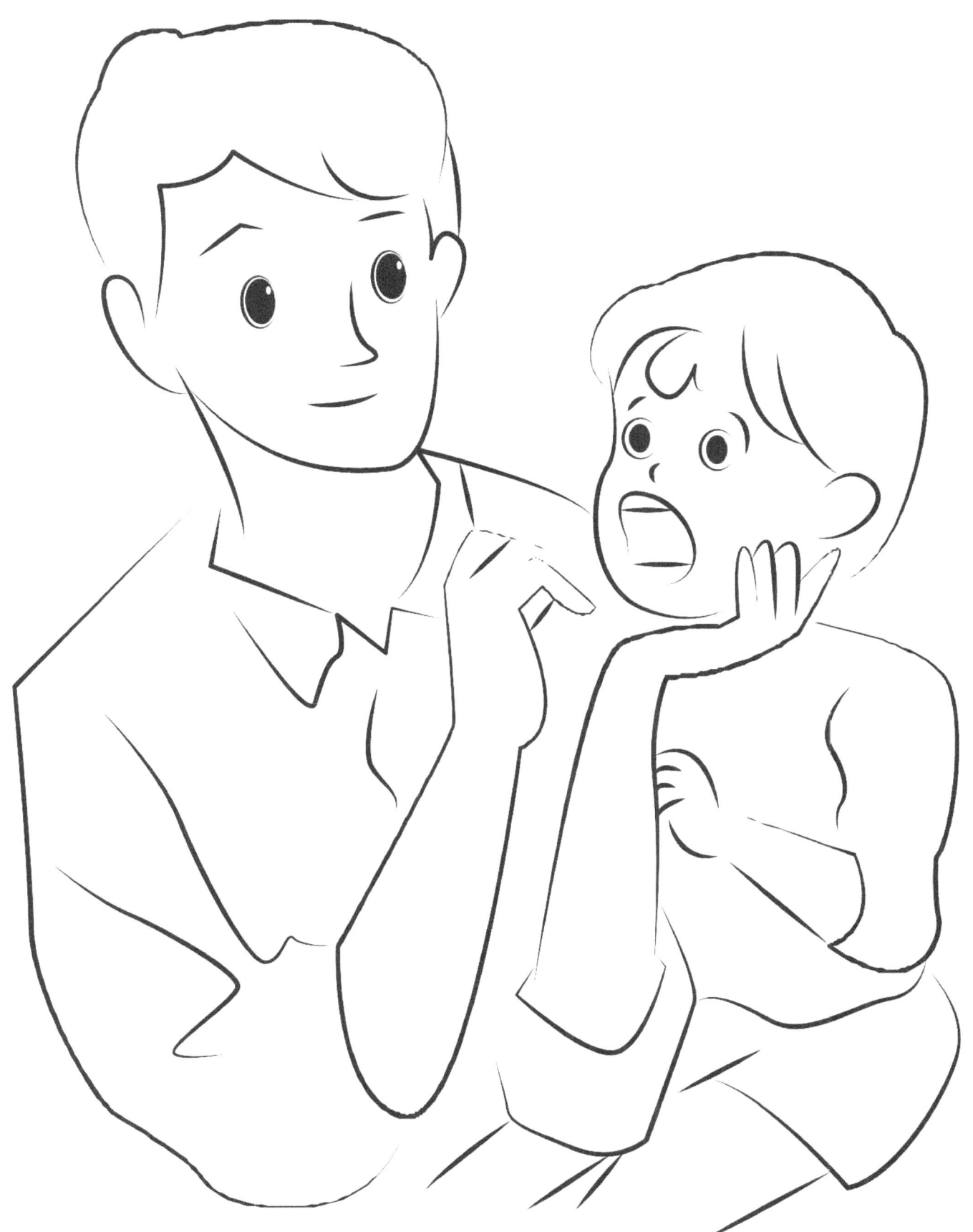

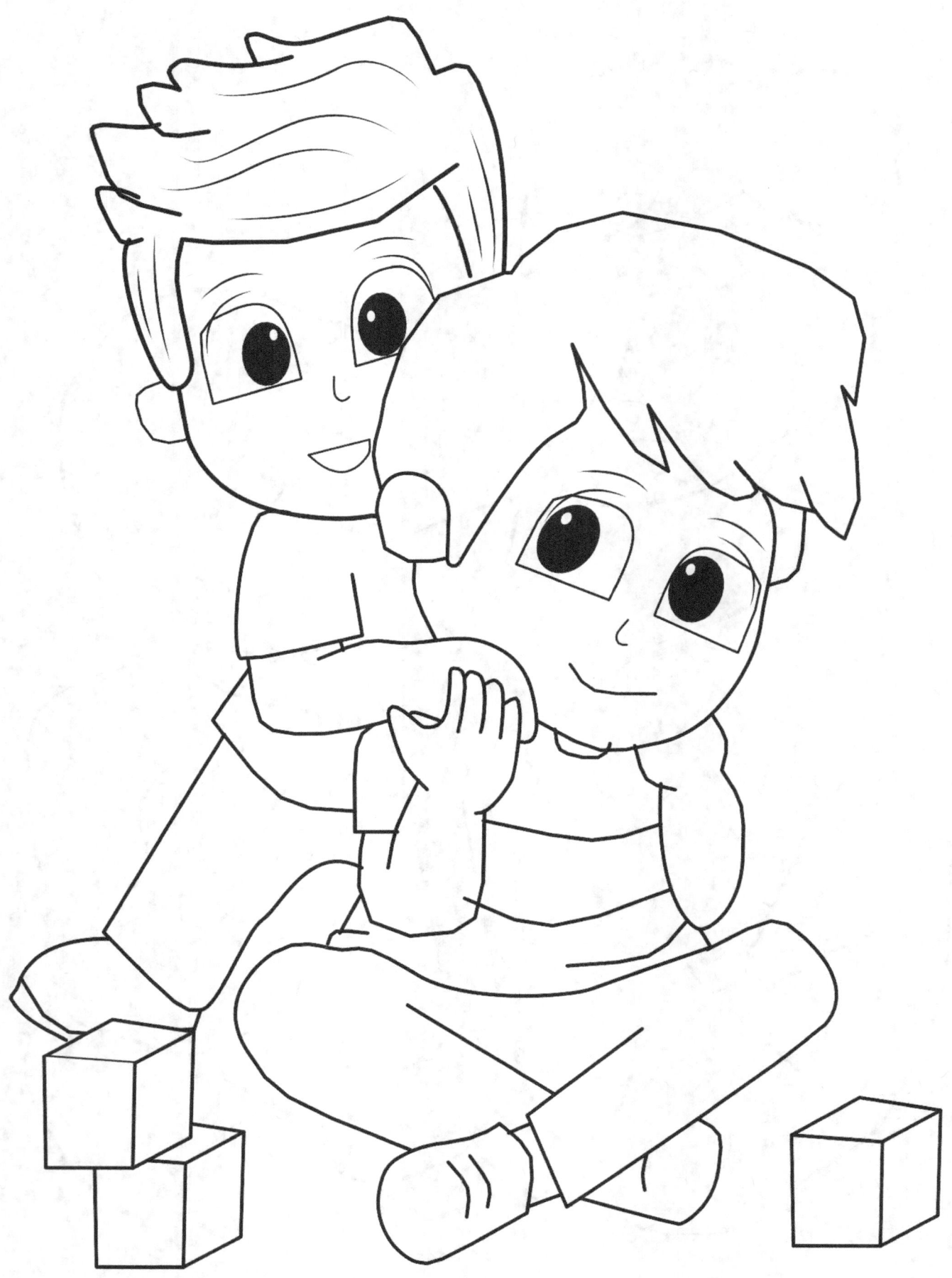

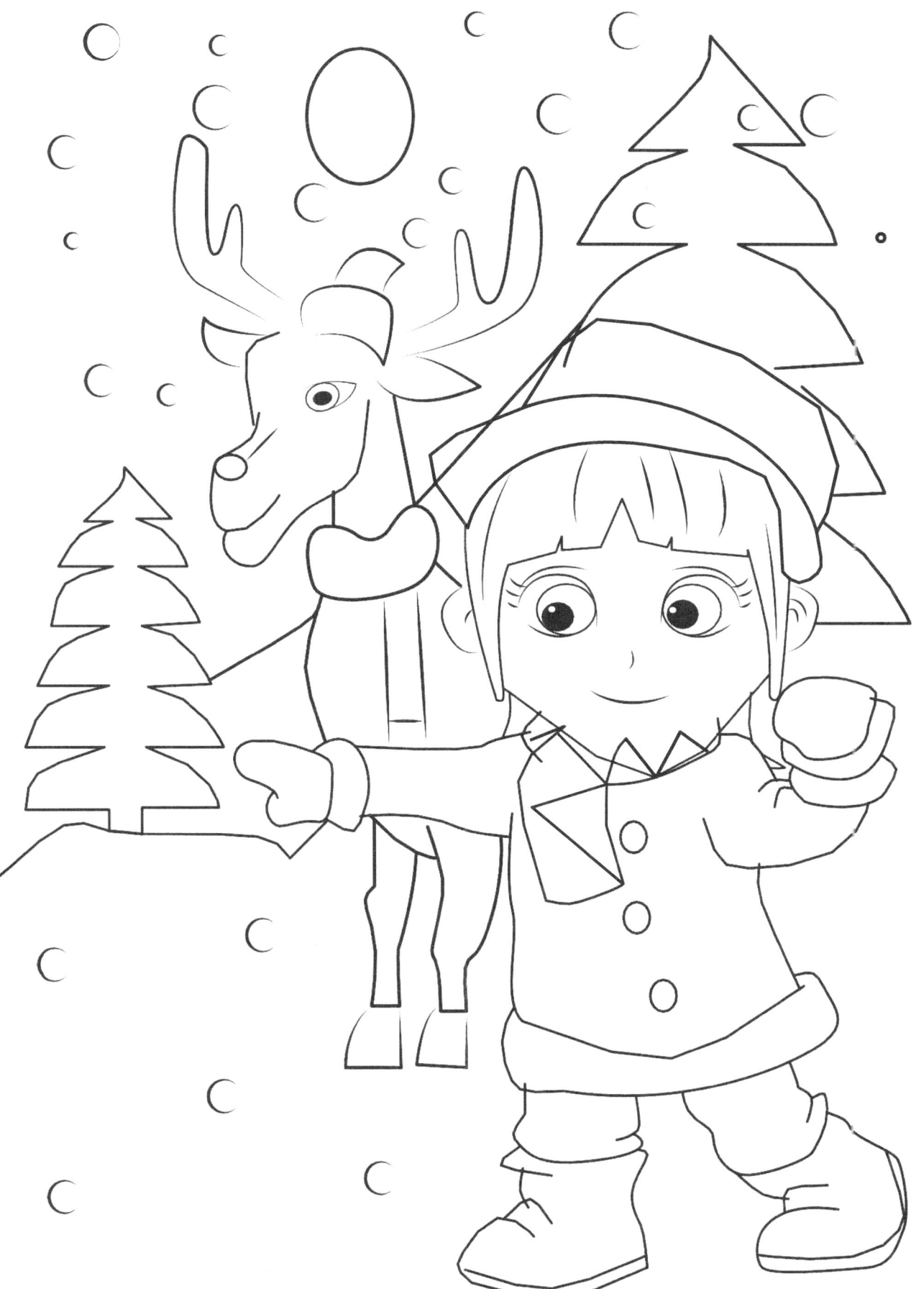

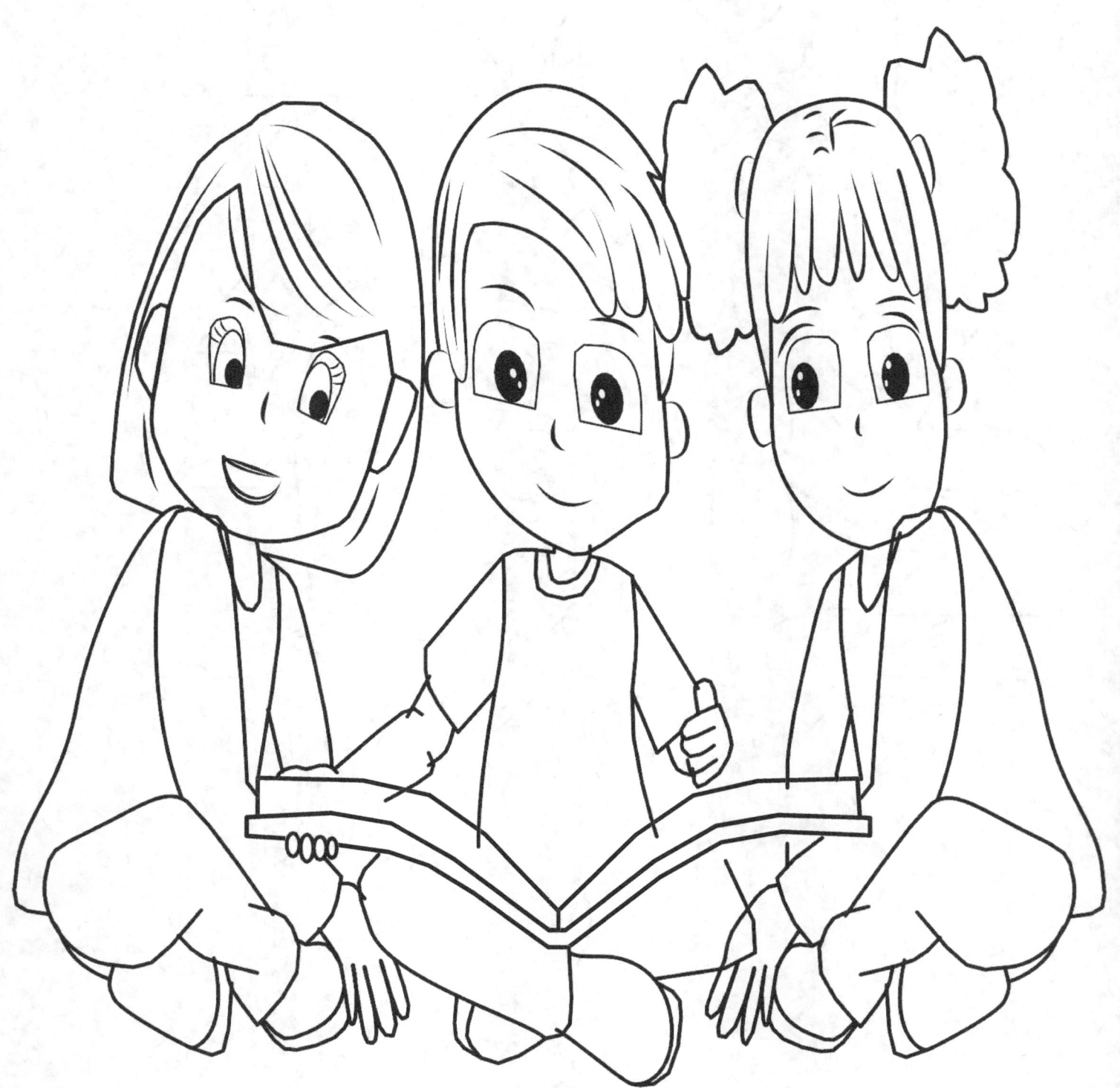

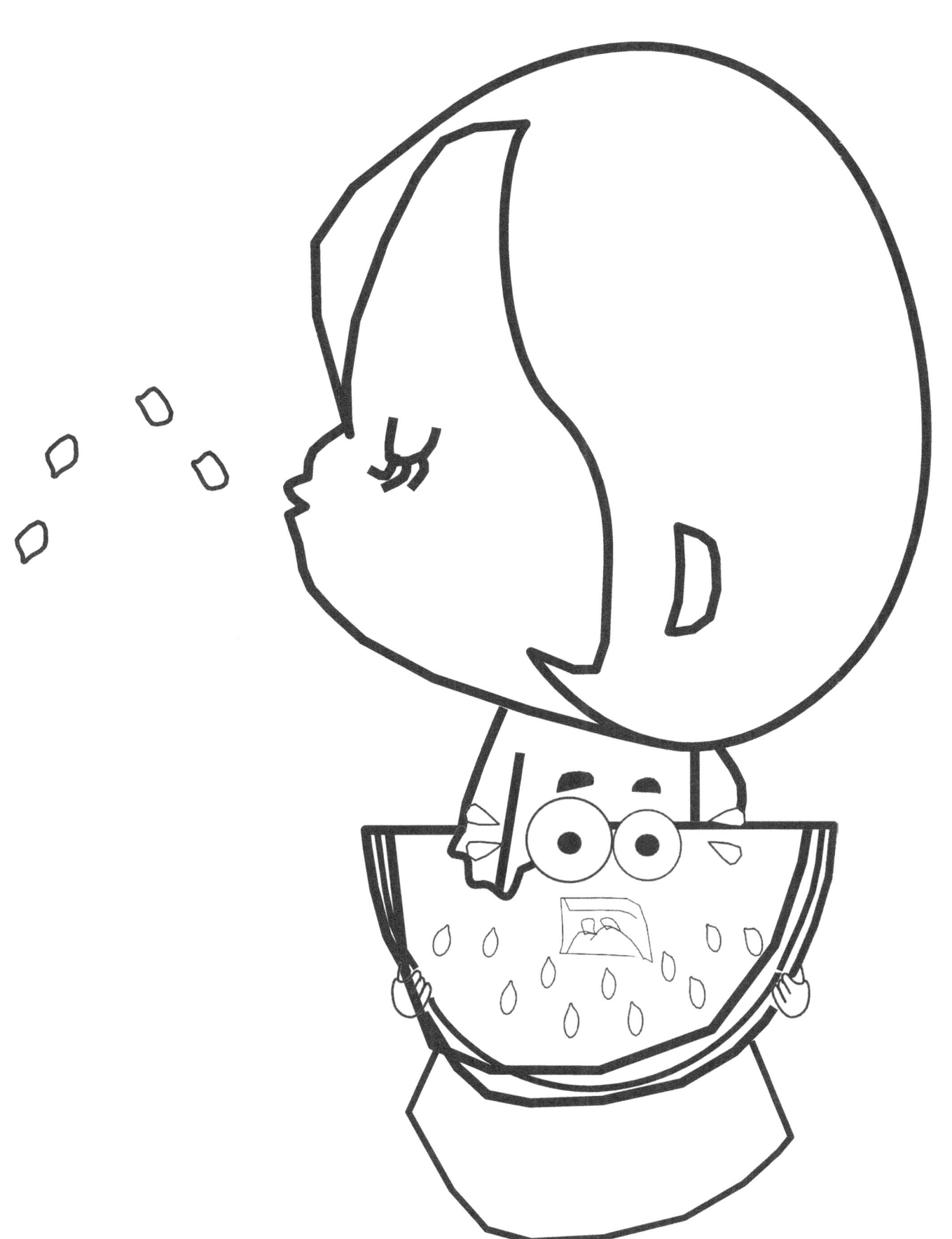

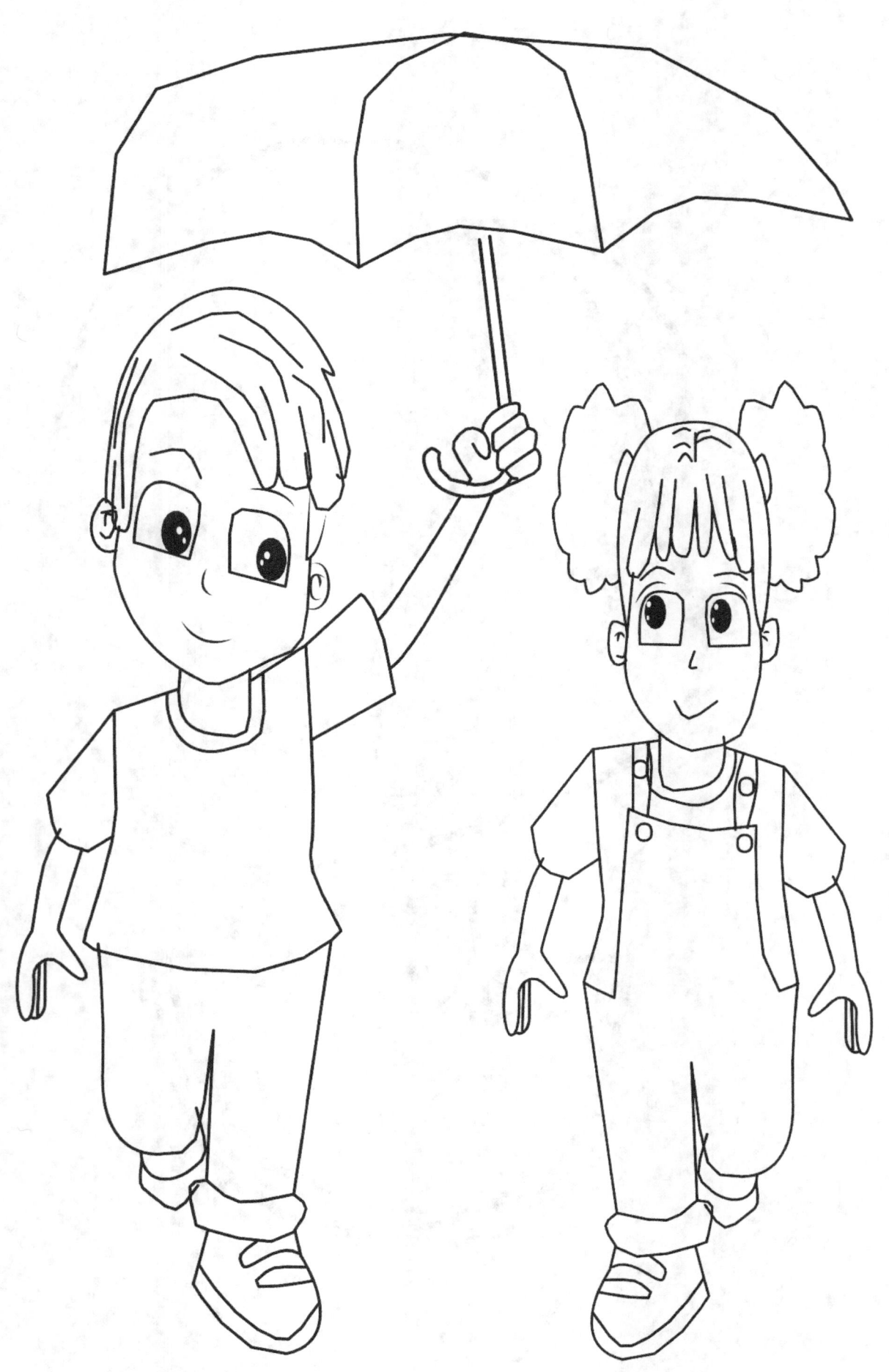

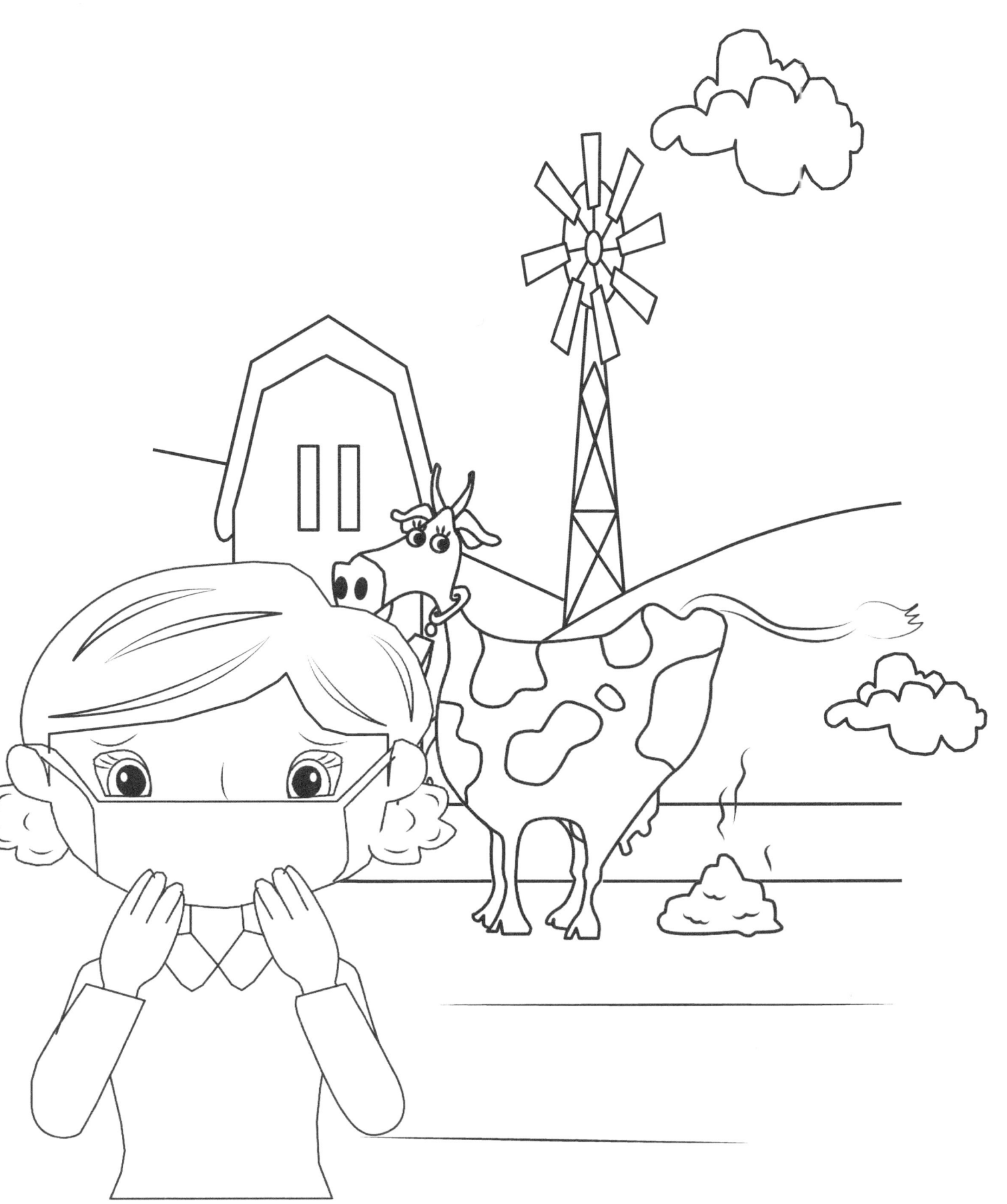

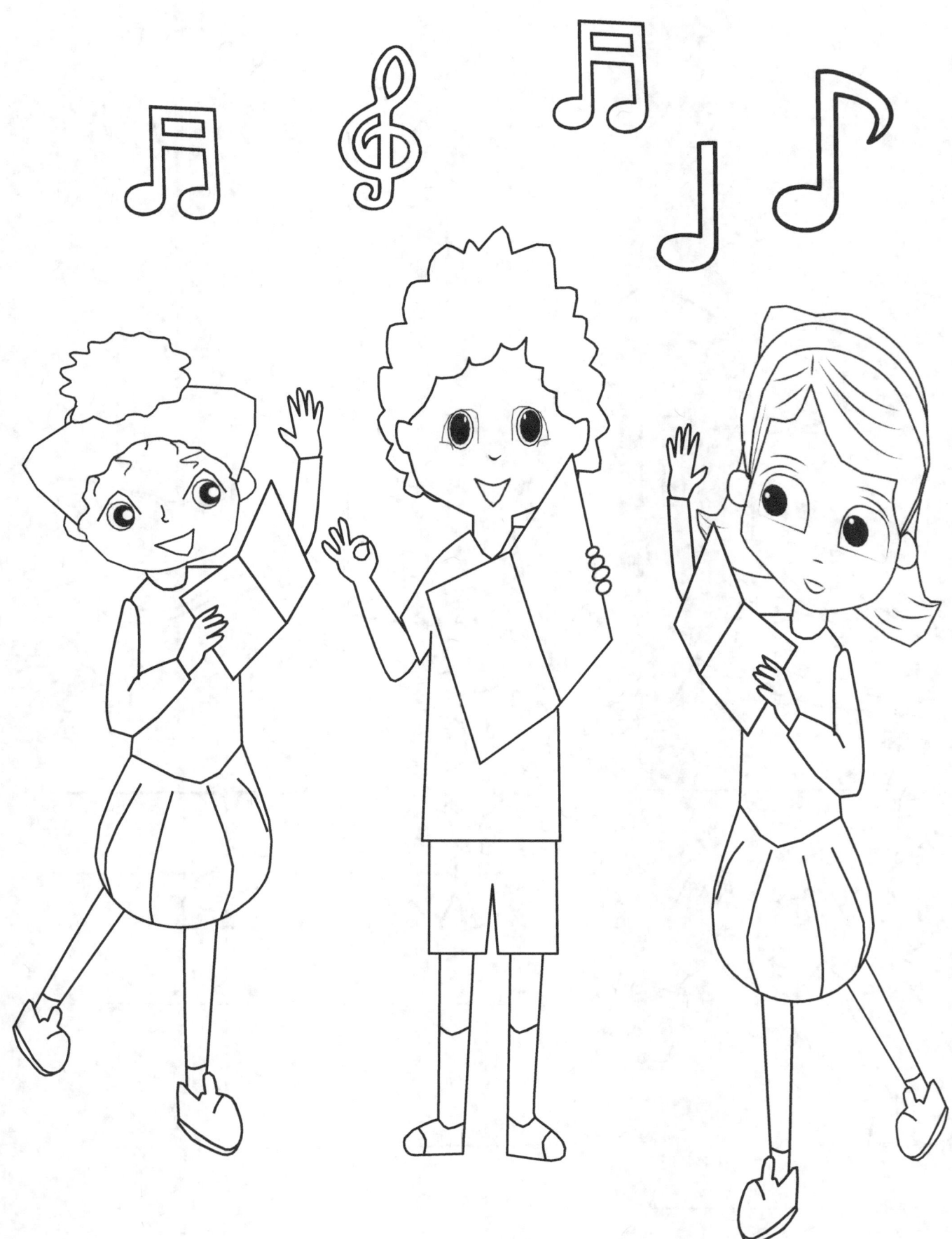

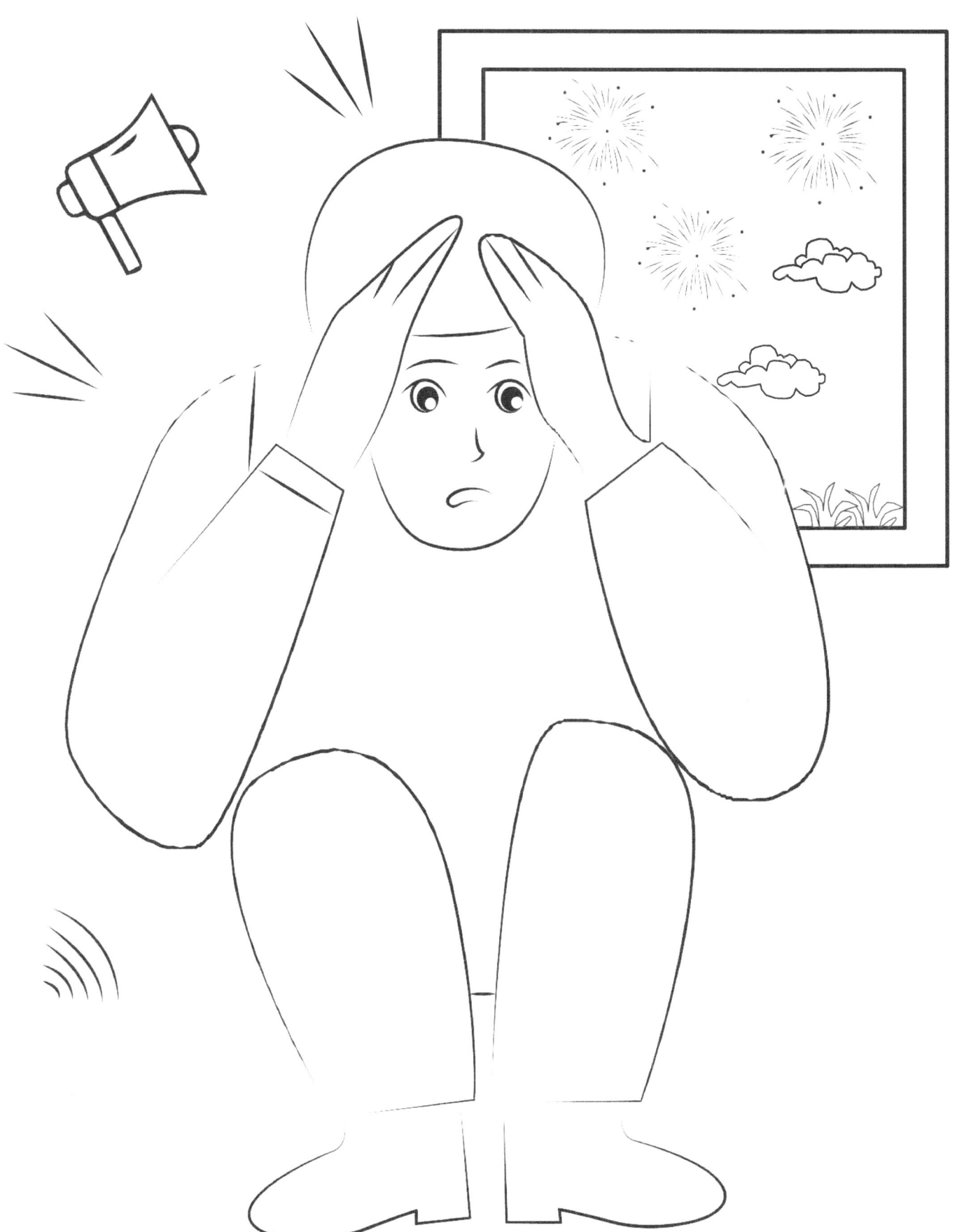

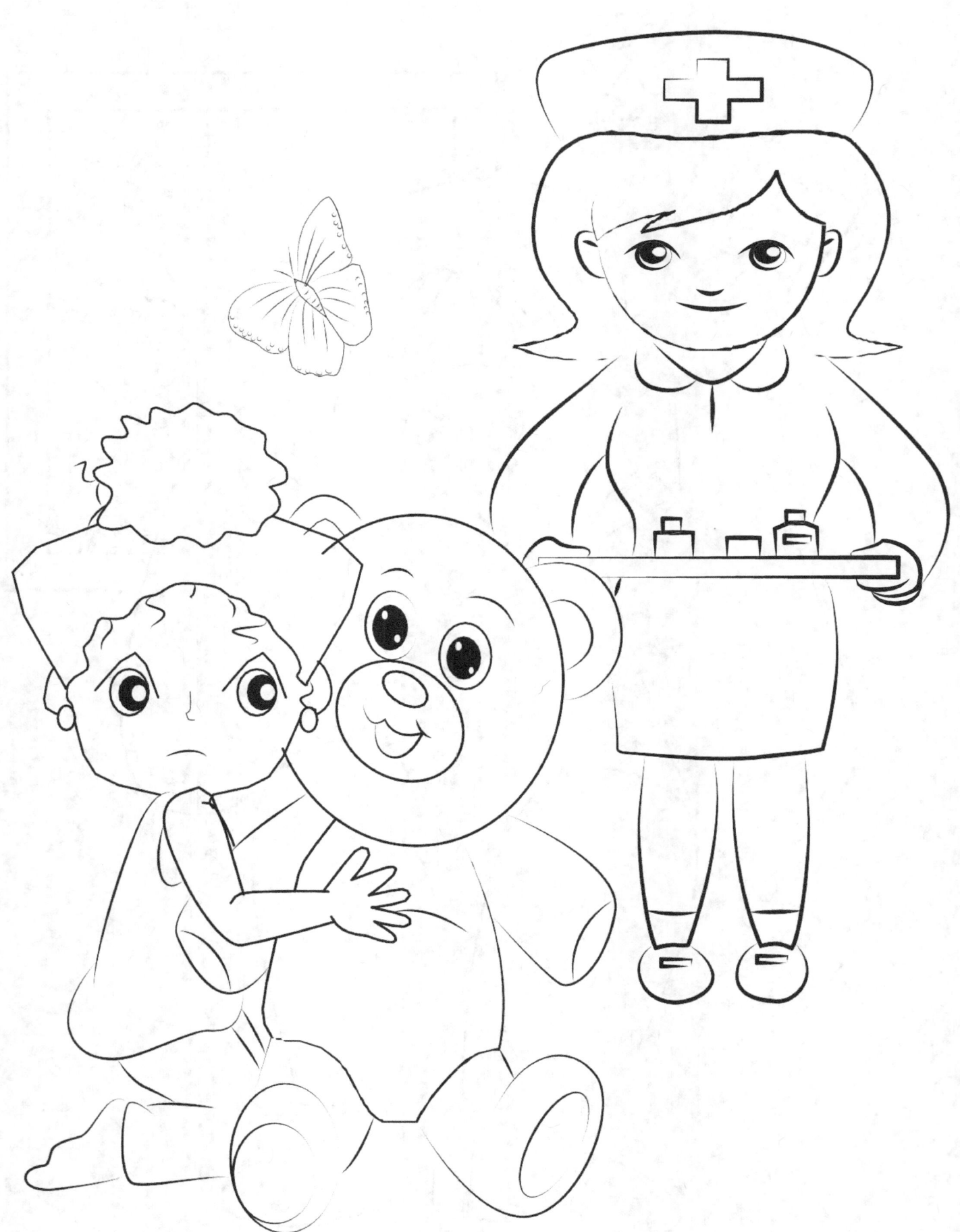

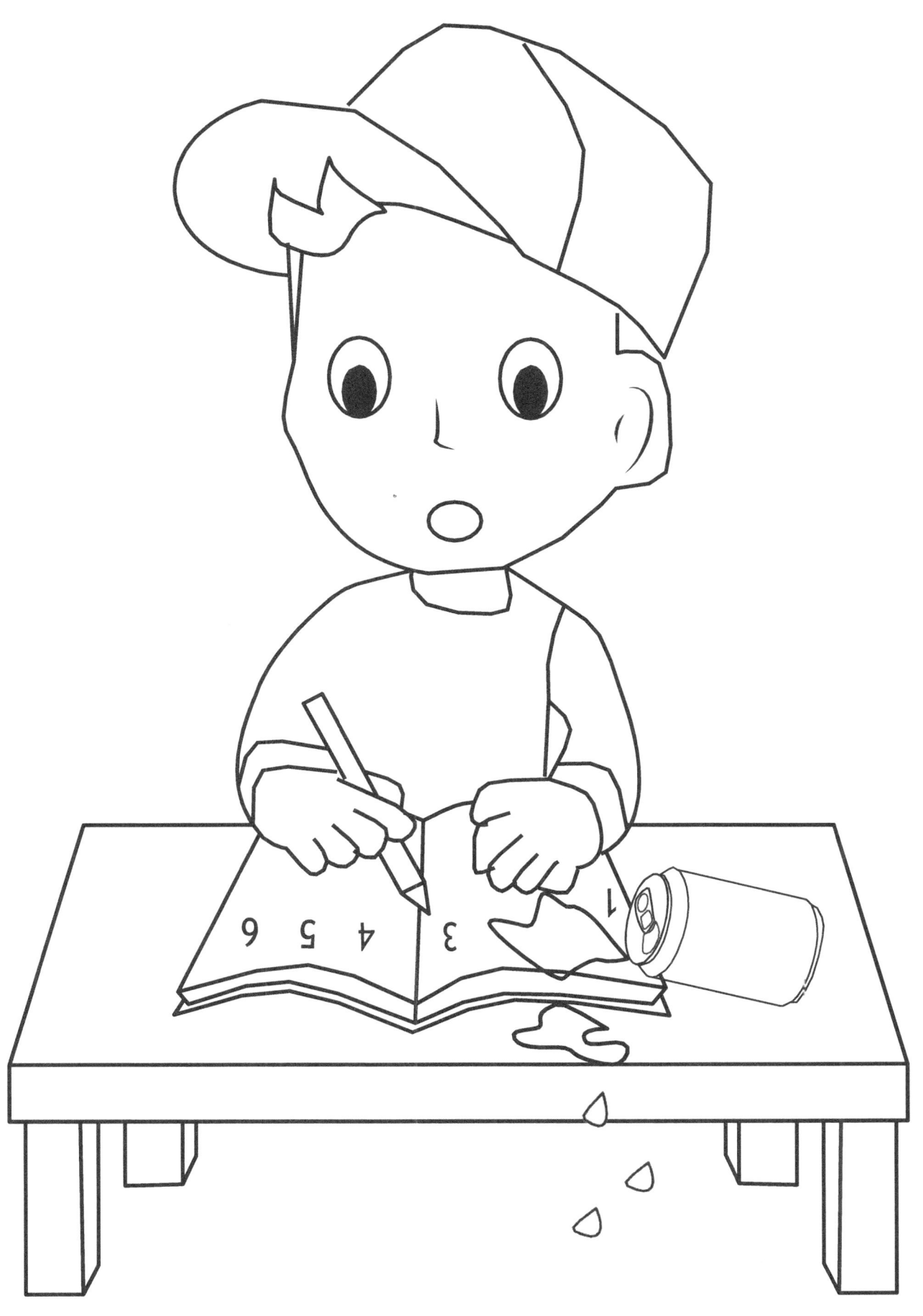

www.ingramcontent.com/pod-product-compliance
Lightning Source LLC
Chambersburg PA
CBHW082121220526
45472CB00009B/2261